순간을 소유하라
OWN THE MOMENT
흔들리지 않고 사는 법

과거와 현재와
미래를 연결시키는
지식 창고

책과 함께 있다면 그곳이 어디이든 서재입니다.
집에서든, 지하철에서든, 카페에서든 좋은 책 한 권이 있다면 독자는 자신만의 서재를 꾸려서 지식의 탐험을 떠날 수 있습니다. 좋은 책이란, 시대와 세대를 초월해 지식과 감동을 대물림하고, 다양한 연령들의 소통을 가능케 하는 힘이 있습니다. 움직이는 서재는 공간의 한계, 시간의 장벽을 넘어선 독서탐험의 동반자가 되겠습니다.

OWN THE MOMENT by Carl Lentz
Copyright ⓒ 2017 by Carl Lentz
All Rights Reserved.
This Korean edition was published by MOVING LIBRARY, an imprint of INTERPARK in 2018 by arrangement with the original publisher, Simon & Schuster, Inc. through KCC(Korea Copyright Center Inc), Seoul.

이 책은 ㈜한국저작권센터(KCC)를 통한 저작권자와의 독점계약으로 ㈜인터파크 임프린트 움직이는서재에서 출간되었습니다. 저작권법에 의해 한국 내에서 보호를 받는 저작물이므로 무단 전재와 무단 복제를 금합니다.

순간을 소유하라
OWN THE MOMENT

흔들리지 않고 사는 법

칼 렌츠 지음 | 정민규 옮김

CARL LENTZ

⟨CNN⟩

칼 렌츠는 우리의 고정관념을 깨는 목사

⟨ABC⟩

우리에게 록스타와 같은
영감을 주는 목사 칼 렌츠.
저스틴 비버를 비롯해
NBA 스타 케빈 듀란트,
키리에 리빙, 타이슨 챈들러의 멘토.

⟨뉴욕타임스⟩

"주님을 만나 그 길을 따라가기로 했으니
이제 내가 좋아하는 것들을 다 포기해야 하는 걸까?
앞으로는 음악도 재미없는 교회 음악만 들어야 하고,
좋아하는 스키니 바지 대신 주름 잡힌 카키색 바지를 입고
머리도 짧게 잘라야 하는 걸까?
수많은 생각이 머릿속을 휘감았죠."

99

머리말
순간을 놓치는 것은
의미를 놓치는 것입니다

'순간을 소유하라.'
이 개념은 듣기에 따라선
아주 단순하게 느껴질 수도 있고
반대로 철학적으로 느껴질 수도 있습니다.
우리 삶에는 그만큼 엄청나게 많은 순간들이
펼쳐지기 때문입니다.
우리는 그 순간들을 극대화할 수도 있고,
놓쳐 버릴 수도 있습니다.
우리는 지금 인생을 살아가는 방식에 대해
이야기하고 있습니다.
매 순간을 살아가는 이러한 삶의 방식은
현재뿐 아니라 내 삶의 결말에도 지대한 영향을
미칠 수 있습니다.

저는 아빠가 되고 아이들을 키우기 전까지는
퍼즐 맞추기에 관심이 없었습니다.

하지만 아이들을 키우면서 퍼즐 맞추기라는
또 하나의 세계를 알게 되었습니다.
아이들이 퍼즐 조각을 천천히 맞추는 것을
자주 지켜보고 있어야 했으니까요.
아이들 각자가 가지고 있는 주의력의 크기에 따라
퍼즐이 하나의 그림으로 모습을 드러내기까지는
몇 분 또는 몇 시간이 걸릴 수 있습니다.
크기가 작은 조각도 있고, 큰 조각도 있습니다.
또한, 맞추는 방식에 원칙도 없습니다.
이쪽을 맞추다 저쪽으로 건너뛸 수도 있습니다.
그러나 언제가 되었든 그 빈 자리를
모두 맞추지 않는다면,
그림은 완성되지 않습니다.

어느 날, 아이가 퍼즐을 맞추다가 잠이 들었습니다.
그때 저는 아이가 퍼즐을 맞추다가 남은 조각들을
보며 이런 생각이 들었습니다.
'언젠가는 누군가가 이 조각들을
어디에 맞춰야 하는지 알아내
그림을 완성해 주겠지.'
그것이 우리가 삶에 대해 갖는 기대이고,
희망이라 생각합니다.

지금 우리 삶은 어디를 향하고 있나요?

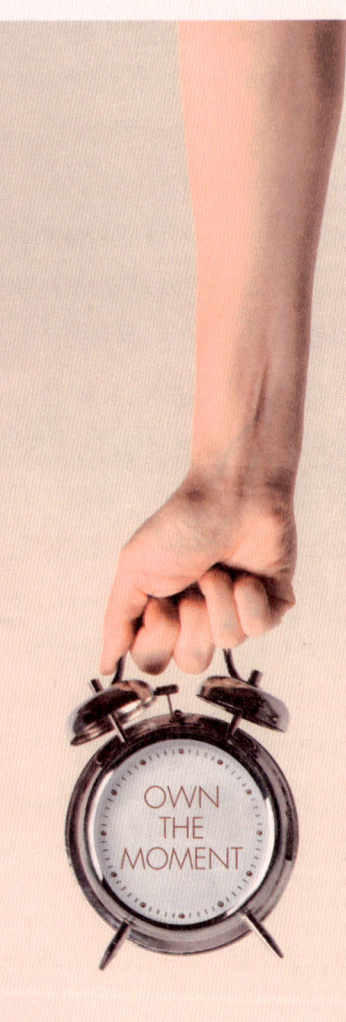

순간을 소유하라

빠른 만족, 빠른 성공입니다.
우리는 업적, 성공, 성취 때문에 살고,
또 숨 쉽니다.
그러면서 어찌 됐든 끊임없이 성과를 축적해 나갑니다.
하지만 이렇게 살다가 한 가지
동일한 결론에 도달하게 됩니다.
'나는 이런 사람이다'라며 광고하고 다녔는데,
결국 '나는 그런 사람이 아니다'라는 사실을
알게 되는 것이죠.

순간을 놓친다는 것은
인생의 참된 의미를 놓치는 것입니다.
그러나 우리 모두는 순간을 잘 놓칩니다.
맘에 드는 사람이 있는데,
망설이다가 데이트 신청을 못 했어요.
다른 사람이 그 순간을 소유했죠.
그리고 당신은 아직도 싱글입니다.
기념일을 놓쳤습니다.
하루 지나서 기억이 났네요.
배우자가 말합니다.
"고마워요. 하지만 고맙지 않네요."

그런데, 순간을 놓칠 것인가,
말 것인가 선택하는 건

우리가 택시를 탈지 말지,
비좁은 지하철에 몸을 실을지 말지를
선택할 때와 같은 차이입니다.
카세트테이프, 영화 대본,
지금 막 함께 나눈 비즈니스 아이디어….
각각을 선택할 때는 다 차이가 있습니다.

우리는 사는 동안
계속 이렇게 차이를 만들어 내는
모든 것들과 부닥치게 됩니다.
1초의 몇 분의 1에 해당할 정도로
아주 짧은 순간에
수백만 가지 선택이
우리에게 요구될 수 있습니다.
또한 우리는
서로가 무슨 일을 겪고 있는지
정확히 알지도 못한 채 인사하고,
위로의 메시지를 보내기도 하고,
다시 한번 전화해서
"넌 사랑받고 있어!"라는
말을 던지기도 합니다.

그런데 나의 그 한 마디가
상대에게는 전부가 될 수도 있습니다.

그래서 순간이 중요한 것입니다.
제가 목사가 되기 전, 그러니까
꽤 오래전의 일입니다.
저의 가장 친한 친구 두 명과 저는
모델이자 의상 디자이너였던
한 친구와 같이 일했습니다.
그는 주식 시장에서 정말 좋은 결정을
몇 번 반복해서 하게 되었고
그 덕분에 돈을 많이 벌고
또 많이 쓸 수 있게 되었어요.
저는 그가 얼마나 많은 사업체를
소유하고 있는지에 대해선
많이 알지 못하지만,
얼마나 많은 돈을
별로 중요하지 않은 것들을 위해
썼는지에 대해선
많이 알고 있답니다.
그러는 동안 그 친구는 거의 20년의 시간을
몹쓸 코카인과 헤로인 중독에 빠져 있었어요.
제가 뉴욕에 왔을 때 놀라웠던 것은
이러한 중독자들이
일상생활을 잘하고 있다는 것이었어요.
중독자인 그 친구도 처음 5개월 동안은
별 이상이 없었습니다.

그런데 5개월이 지나자 이상한 낌새를
몇 차례 감지하게 되었어요.
걱정이 될 수밖에 없었지요.
중독 상태란 현실을 떠나
망상의 세계에 가 있는 거니까요.
그는 아주 멋진 펜트 하우스에 살고 있었는데
어느 날부턴가 도통 밖으로 나오질 않았어요.
아마도 헤로인 주사를 맞고
폭음을 하고 있는 상황인 것 같았어요.
중독자가 일반인과 다른 점은
스스로 그 상황을 벗어나지 못한다는 거죠.

이러다가 큰일 나겠다 싶어
저는 조라는 친구와 함께 그의 아파트에 찾아갔습니다.
조의 동생인 존이 동행해 주었지요.
그의 아파트 문 앞에 갔을 때, 인기척이 느껴졌지만
아무리 벨을 눌러도 문을 열어 주지 않았어요.
저는 그에게 전화를 걸었습니다.
전화벨 소리가 현관 밖으로 들렸어요.
그가 전화기를 집어 들더니 말했습니다.
"나, 여기 없어."
저는 문을 두드리기 시작했어요.
그러면서 말했죠.
"너 안에 있는 거 알아. 다 들려. 나는 다 들을 수 있거든."

문 열어 줘. 너와 잠깐 이야기나 하려고 왔어."
그건 거짓말이었어요.
한가하게 대화나 나누려고 간 건 아니었으니까요.
아마 그 친구도 그게 거짓말이라는 것쯤은 알고 있었겠죠.
저는 그에게 빨리 중독 치료 센터에 가자고 권유하고,
혹시 싫다고 대답하면 끌고라도
데리고 나올 생각이었습니다.

우리는 문을 더 두드렸어요.
하지만 곧 그의 상태가 정말 나쁘다는 것을
깨닫게 되었죠.
우리는 순간 생각했습니다.
'우리가 할 수 있는 것이 있다면
무엇이든 해 보자.'

친구 조가 같이 간 동생 존에게 말했습니다.
"존, 우리 비상용 사다리로 올라가 보자.
내가 저기 매달려서 널 끌어올려 줄게.
그러면 네가 내 어깨에 올라 타.
그다음 벽 바깥쪽으로 튀어나와 있는
저 큰 창문을 향해 이 벽돌을 던질 수 있을 거야.
그리고 칼, 우리가 문을 열어 주면 그때 들어와.
그러면 우리 셋이서 친구를 끌어낼 수 있어."
이따금 우리는 인생에서

말 그대로 죽을지도 모르는 순간들을
맞닥뜨리게 됩니다.
하지만 당신이 사랑하는 것이 무엇이고,
당신이 믿는 것이 무엇인지 확실히 알고 있다면?
당신은 망설임 없이 그것을 소유할 것입니다.
우리 세 사람은 그 순간을 같이 소유했습니다.
풋볼 팀처럼 옹기종기 모인 채로요.
우리는 같이 기도했습니다.
우리 가운데 아무도
죽지도 않고, 다치지도 않게 해 달라고요.
그리고 조와 존, 그 두 명의 형제는
사람을 살리는 발걸음을 내디뎠습니다.

정말 영화 속 한 장면 같았습니다.
조는 기어이 비상용 사다리로 올라갔습니다.
조는 동생을 향해 팔을 뻗었고,
존은 끌어올려졌습니다.
벽돌로 창문을 깨기 직전이었습니다.
저는 집 안에 있는 친구에게
한 번 더 기회를 주었습니다.
"친구야, 제발, 문 열어. 날 믿어."
"싫어! 내버려 둬! 나는 도움을 원치 않아!"
저는 조에게 엄지손가락을 치켜들어 신호를
보냈습니다.

그다음 유리 깨지는 소리가 들렸죠.
약간의 몸싸움이 있었고,
현관문이 확 열렸어요.
조는 레슬링 시합에서 헤드록을 거는 자세로
집 안에 있던 친구를 꽉 안고 있었습니다.
동생 존은 숨을 헐떡이고 있었고요.
그때 친구가 말했어요.
"갈게. 너희가 하자는 대로 할게."

우리는 중독자 친구를 포기하지 않고
우리가 할 수 있는 일을 찾아서 했기 때문에
그날 친구의 생명을 살릴 수 있었습니다.
'순간을 소유하는' 삶의 방식은
어려운 선택이 아닙니다.
지금 우리가 할 수 있는 일이 있다면
그냥 지나치지 않으면 되는 겁니다.
외면하지 않으면 되는 겁니다.

차례

06_ **머리말** 순간을 놓치는 것은
　　　　　 의미를 놓치는 것입니다

PART 1
그저 그런 순간은 없다

023_ HOLD · LIFE · ESSAY 01
**기적은 순간과 순간이
연결되는 곳에서
만날 수 있습니다**

예수님이 인스타그램을
하신다면 어땠을까요?
편의점에서의 한 순간이
저에게 기적을 만들어주었습니다
그저 그런 순간은 없습니다

048_ HOLD · LIFE · ESSAY 02
**의도적인 감속의
순간이 필요해요**

당신의 메뉴도 똑같은 메뉴판에서
고른 거예요!

057_ HOLD · LIFE · ESSAY 03
**귀는 기울이되
듣지는 마세요**

나의 진의를 왜곡하는
사람은 늘 존재해요
헤드폰을 가까이에 두세요

*082_*   HOLD · LIFE · ESSAY 04

자신의 기본값에서
벗어나야 합니다

하나님이 나의 마음을 열 수 있도록
자리를 내어 드리세요

*098_*   HOLD · LIFE · ESSAY 05

모든 흉터에는
이야기가 담겨 있습니다

강한 척하지 않고 산다면
우리는 서로 연결될 수 있습니다
다시 시작하고 싶나는
그 마음을 함께 나누었습니다

*120_*   HOLD · LIFE · ESSAY 06

오늘 누군가에게서
'금'을 발견할 수 있습니다

인생의 모든 순간이
내 것이어야 합니다
먼저 떠난 친구 윌이
'금'을 보내주었습니다

PART 2
우리 인생은
계속 공사 중인 건물

141_ HOLD · LIFE · ESSAY 07

두려움 없이
새로운 시작은 없습니다

기회의 문 위에는
두려움의 네온사인이 있어요
두려움을 다루는
방식을 바꿔보세요
매일 조금씩 맞서는 것이
최선의 방식입니다

165_ HOLD · LIFE · ESSAY 08

우리는 모두
준비되어 있지 않은
사람들입니다

데이트는 최소한
사계절은 해봐야 합니다
당신이라는 건물은
지금 공사 중

183_ HOLD · LIFE · ESSAY 09

쓰레기봉투 안에 있던
그 사람의 눈을 생각합니다

첫인상이 목사답지 않다고
가짜 목사로 의심받았습니다

197_ HOLD · LIFE · ESSAY 10

인생의 방향에 대한
고민이 해결됩니다

가야할 방향에 대한 정보를
어디서 얻는지도 중요합니다
친절한 여성 뉴요커 덕분에
뉴욕 지하철에 적응하게 되었어요
손을 들어 도움을 요청하세요

PART 3
당신에게 허락된
순간의 힘

213_ HOLD · LIFE · ESSAY 11
**순간을 놓치지 않는 것은
일상의 도전입니다**

220_ HOLD · LIFE · ESSAY 12
**못하는 것과 잘하는 것
그 사이에 진짜 내가 있습니다**

229_ HOLD · LIFE · ESSAY 13
**견뎌야 하는 일이 아니라
쓰임 받고 있는 일입니다**

238_ HOLD · LIFE · ESSAY 14
쿨한 게 뭐죠? 멋진 건가요?

246_ HOLD · LIFE · ESSAY 15
**모든 일의 절반은
생각보다 나쁘지 않습니다**

255_ HOLD · LIFE · ESSAY 16
**불안은 목소리 크고
시끄러운 존재입니다**

266_ HOLD · LIFE · ESSAY 17
**꿈을 이루기보다는
꿈을 살길 원합니다**

277_ HOLD · LIFE · ESSAY 18
**징징거리는 것은
아무런 힘이 없어요**

PART 1

OWN THE MOMENT

그저 그런 순간은
없다

CARL LENTZ

HOLD · LIFE · ESSAY 01

기적은 순간과 순간이 연결되는 곳에서 만날 수 있습니다

저는 소셜 미디어를 좋아합니다.
악성 댓글이나 가짜 뉴스와 같은 골칫거리에도 불구하고,
소셜 미디어가 제공하는 연결성 때문에
저는 그 좋은 면을 더 보고 있습니다.
함께 살아가고 있는 사람들의 소식이나
각종 사건과 그 원인에 대한 생각들을
한꺼번에 알 수 있어서 좋습니다.

저는 특히 인스타그램을 좋아합니다.
왜냐하면 저는 보면서 배우는 것을 즐기는
'시각적 학습자visual learner'의 기질이 있기 때문입니다.
저는 영상이나 이미지들의 자막을 쓰거나 읽는 것을
매우 좋아합니다.
사람들은 이미지로 소통하는 각자의 방법이 있고

그 방법들은 제각기 다른 재미가 있습니다.
그러나 인스타그램의 문제점 중 하나는,
때로 사진이나 이미지를 왜 올렸는지
알 수가 없다는 것입니다.
그저 재미있으려고, '농담' 삼아 올린 것이 태반이지요.
거의가 다 밝은 모습, 환한 장면뿐입니다.
삶 가운데 나타나는 우리의 어두운 모습은
좀처럼 찾아볼 수가 없습니다.
아니, 실은 그 밝고 환한 사진과 이미지들은
우리네 삶의 3%만을 비춘 것 같습니다.
나머지 97%, 우리 인생길 가운데 어둡고 칙칙한 곳들에는
카메라를 들이대지 않은 것이지요.
이렇게 밝고 환한 것만을 찍어 올리는 것은
어느 정도까지는 별 문제가 되지 않을 수도 있습니다.
사람들이 실제로는 존재하지 않는
거의 '신화적인' 허상들에 매혹되지만 않는다면 말입니다.

멋진 자동차 사진이 올라온 것을 많이 보지 않았나요?
그럼, 무슨 생각이 드나요?
'와, 나도 저 차 갖고 싶다.'
그런데 아마도 당신이 보지 않은 게 있는 것 같습니다.
멋진 자동차 사진을 올린 사람들이
지난 수년 동안 탔던 자전거 말입니다.
이번에 보게 된 사진은 해시 태그가 **'#CEO의 삶'**이네요.

아니, 실은 그 밝고 환한 사진과 이미지들은
우리네 삶의 3%만을 비춘 것 같습니다.
나머지 97%, 우리 인생길 가운데 어둡고 칙칙한 곳들에는
카메라를 들이대지 않은 것이지요.

누군가가 근사한 모습으로 회의를 이끌고 있습니다.
당신은 또 생각합니다.
'아, 나도 보스가 되고 싶다.'
당신은 또 보지 못한 것입니다. 그가 말단 사원이었을 때
했던 그 모든 커피 심부름을요.
이 같은 문제는 목회자로서의 저의 세계에서도
널리 퍼져 있답니다.

그것을 받아들이든 받아들이지 않든 간에 상관없이,
사람들은 소셜 미디어를 통해
다른 사람들이 행하는 일들을 보게 됩니다.
다른 사람들이 행하는 일들을
소셜 미디어를 통해 바라보면서
사람들은 건강하지 못한 비교에 빠져듭니다.
그 비교는 곧 좌절을 불러오지요.
비교에서 오는 좌절은
우리 삶을 천천히 병들게 합니다.

당신이 목사라고 가정해 봅시다.
당신은 누군가를 팔로우 하고 있는데요.
겉으로 보이는 그의 모습은 이렇습니다.
그는 항상 수천 명에 달하는 사람들에게
설교를 합니다.
그가 행하는 모든 봉사 활동에는

감당할 수 없을 정도로 많은 사람들이 밀려듭니다.
당신은 다시 당신의 세계로 돌아갑니다.
그리고 이제 당신의 실제적인 모습과
투쟁을 하게 됩니다.
문제는 뭘까요?
이 성공적인 장면을 사진으로 남긴
그 순간들을 다시 살펴보십시오.
이 순간, 저 순간에도 누구 하나
눈에 띄지가 않습니다.
게다가 실제로 자신의 나쁜 날을 찍어서
SNS에 올리는 사람은 거의 없습니다.
이럴 때 누군가 이런 댓글을 달아 주면
차라리 좋겠습니다.
"나 여기 있어요. 그런데 거기는 왜 목사님만 있는 거죠?
성도들은 다 어디 간 거죠? 80%는 안 보이네요."

이쯤에서 한번 생각해 볼까요?
인생에서 우리가 할 수 있는
가장 중요한 것은 뭐가 있을까요?
내가 할 수 있는 그 모든 것들에 대해
<u>스스로</u> 소유권이 있음을
우리는 자각하며 살고 있을까요?
사실은 그렇지 못하지요.
우리는 인생의 소유권이

내게 있다는 것을 자주 잊은 채 살아갑니다.
그것은 우리가 '순간'이 갖는 의미를
제대로 알지 못하기 때문입니다.
'순간'의 열정, '순간'의 충실.
이런 것들이 모이면 어느 날 나는
위대해지거나 훌륭해집니다.
당신이 열정적이고 또 충실하게 보낸 그 순간들은
언젠가 또 다른 순간들에 연결되기 때문입니다.
연결된 그 순간들은
또 다른 순간들에 연결되고요.
그리고 훗날 당신은 자기가
서 있는 자리를 보게 됩니다.
어제보다 강해진 나, 어제보다 성장한 나,
그래서 어제보다 훌륭해진 나와
어제보다 위대해진 나를 보게 되는 것이지요.
그럴 때 사람들은 당신에게 물어보기 시작합니다.
"당신에게 일어난 그 기적과 같은 변화는 무엇입니까? 대체 어디서부터 그런 일들이 일어난 겁니까? 정확히 그 '순간'을 말해 주세요. 그것이 궁금하네요!"

당신은 아마도 이렇게 대답할 것입니다.
"글쎄요…, 제게 그런 중요한 순간이 따로 있었는지 정말 모르겠네요. 저는 제 앞에 있는 일들을 충실히 했을 뿐인데요."
멋진 대답을 기대했던 사람들은
당신의 대답을 매우 시시하게 느낄 것입니다.
그렇지만 어느 날 문득 우리 모두가
자신이 걸어온 길을 돌아본다고 가정해 봅시다.
그때 우리는 여태껏 밟아 온 그 모든 땅들을, 그 길들을 빠짐없이 기억할까요? 아니요, 그렇지 않을 겁니다.

저는 사람들이 인생에서 겪은
놀라운 변화에 대해 관심이 많습니다.
기적과도 같은 이런 이야기를 들으면
저는 혼자 스토리를 이어서 영화처럼 재구성해 봅니다.
하지만 그들의 그 여정이, 그 발자국이
모두 다 선명한 것은 아니었습니다.
오히려 알아차리기 힘들 만큼 흐릿한 경우가 많습니다.
왜냐하면 그들은 '순간'을 살았기 때문입니다.
그러니, 뒤돌아본다 한들 뚜렷한 족적을 볼 수는 없는 겁니다.
저는 그래서 인생의 기적과 같은 일들은
기승전결이 분명한 스토리 라인에서 온다기보다는
순간과 순간이 연결되는 곳에서
온다는 깨달음을 얻었습니다.

예수님이 인스타그램을 하신다면 어땠을까요?

흥미로운 상상을 해 봅니다.
예수님이 인스타그램을 하신다면 어땠을까요?
저는 그게 궁금할 때가 많습니다.
예수님께 가장 어울리는 계정은 **'@진정한 왕'**일 것입니다.
"나 여기 있습니다. 물 위에서 떠다니고 있지요. 쌀쌀하네요.

인생의 기적과 같은 일들은
기승전결이 분명한 스토리 라인에서 온다기보다는
순간과 순간이 연결되는 곳에서
온다는 깨달음을 얻었습니다.

#떠다니며으슬으슬."
그런데 말입니다. 우리는 언제나 일이 다 벌어진 다음에,
사정을 다 알고 나서야,
뒤늦게 깨닫습니다.
그제야 뭔가 놀라운 일이 일어났음을
믿게 되는 것이지요.
하지만 그 일이 일어났던 바로 그 순간에는
정말로 별것 아니라고 느낄 것입니다.

때로 복음에 대한 예수님의 말씀이
마치 스포츠 방송의 하이라이트 영상처럼
느껴질 수 있습니다.
굉장한 일이 일어난 것은 맞는데,
내 현실로는 느껴지지 않는 거죠.
하지만 진실로 예수님은 온전히 인간이셨습니다.
그분은 우리가 보내는 그 많은 날들처럼
땅 위의 시간을 보내셨습니다.
주님이 사신 삶과 우리가 사는 삶에
차이가 있다면 무엇일까요?
저는 이 부분을 자세히 관찰해 보았습니다.
주님이 사신 매 순간,
주님이 만나신 각 사람은
하나의 역할을 실제적으로 하고 있었습니다.
그래서 예수님이 보내신 어느 한 날의

그 한 순간은 매번 특별하게 다가옵니다.
그래서 그 순간에 대한 말씀을 읽을 때마다
늘 감동이 있습니다.
우리는 예수님이 사신 순간순간을
영상처럼 간직할 필요가 있습니다.

어느 날엔가 예수님이
여리고라는 곳을 지나실 때였어요.
길을 멈추시더니 나무를 올려다보셨지요.
주님을 잠깐이라도 더 보려고
나무에 올라간 사내가 있었습니다.
그의 이름은 삭개오.
그는 그 지역 사람들에게 비난받는
악명 높은 인물이었습니다. 그의 직업은 세리장이었고요.
당시 세리는 로마 정부에 협력하여 부당하게
많은 세금을 징수하고 착복하여
개인의 부를 이루는 사람들이었어요.
그래서 세리는 일반인들의 미움과 멸시를 받았지요.
대부분의 그 지역 사람들은 그를 가까이하지 않았습니다.
그러나 예수님은 눈을 크게 뜨고 그를 바라보셨습니다.
나무에서 내려오라고 말씀하신 예수님을
삭개오는 자신의 집으로 모시게 되었습니다.
예수님은 그와 함께 저녁 식사를 하셨습니다.

이것은 사람들 사이에 공통적으로
존재하는 장벽이자 규칙을
깨는 것과도 같았습니다.
삭개오와 같은 악인은 변화할 수 없다는 것이
보통의 생각이니까요.
사실 우리는 예수님이 나무에서 삭개오를 보시기 이전에
무슨 계획이 있으셨는지에 대해 잘 알지 못합니다.
아마 또 다른 계획이 있으셨겠지요.
그런데 예수님은 나무 위의 남자와 눈이 마주치는 순간
그 계획을 바꾸셨습니다.
결과는 어땠나요?

삭개오는 그날 예수님과의 저녁 식사를 통해
새사람으로 다시 태어나게 되었습니다.
저녁 식사 때 그는 일어서서
다음과 같이 선언했습니다.
"보십시오, 주님! 지금 이 자리에서 가난한 사람들에게
제 소유의 절반을 나누어 주겠습니다.
제가 누군가를 속여서 취한 게 있다면
그 네 배를 돌려주겠습니다."
그것은 분명 한 순간이었음에 틀림없습니다.
저는 그때 예수님께서 식탁에서 삭개오와
무엇에 대해 말씀하셨을까 궁금합니다.
아무튼 식탁에서 무슨 일이 일어났고,

결국 악명 높던 한 사람이
새사람으로 태어나게 되었습니다.

다시 인스타그램으로 돌아가 봅시다.
예수님이 삭개오를 만나 저녁 식사를 하는 장면을
사진 찍어 인스타그램에 올렸다 칩시다.
이 만남이 재미있어 보였을까요? 특별해 보였을까요?
아마도 어색하고 불편한 만남이 분명합니다.
당시의 문화로 봤을 때
예수님은 잘못된 시간에
잘못된 사람들과 잘못된 장소에 계셨으므로
많은 사람들이 이에 대해 크게 오해했을 것입니다.
아마도 이런 댓글이 달렸을 겁니다.
"예수님, 어떻게 그런 나쁜 사람들과
시간을 보내실 수가 있나요? 너무 심해요.
좋아하니까 이렇게 말씀드리는 거예요. @눈으로로그인."
인스타그램의 사진으로 보았을 때
사진 속의 인물 삭개오가
다시 태어나고 있다는 것이 과연 보이겠습니까?

인스타그램으로 상징되는
우리 시대는 분명 본질을 보지 못하는
경우가 많습니다.
올려놓은 사진 하나로 모든 것을 판단해 버리지요.

그렇지만 제가 인스타그램을 좋아하고,
이를 통찰하는 이유는 따로 있습니다.
**인스타그램이라는 도구는
우리에게 '순간'을 살아갈 수 있다는 것을
깨닫게 합니다.**
낭비되는 순간이 없다면,
그리고 우리의 순간순간에 에너지가 살아 있다면
우리 인생의 가치는 굉장해지는 것이지요.
그러나 반대로, 좌절감과 피로감이
인생의 매 순간을 축소시키도록
내버려 두는 경우가 있습니다.
저는 달려가 이런 사람들을 붙잡아 주고 싶습니다.
그러니까 거의 '지금 이 순간은 사진으로 찍을 만한 가치조차 없어'
라는 생각으로 살고 있는 모습입니다.
이 같은 상황이 반복되면
결국 살아야 할 이유가 없어지는
무기력한 지경에 이르게 되지요.
하지만 꼭 알아 두어야 할 게 있습니다.
우리가 보내는 하루하루는 대부분 특별해 보이지 않죠.
무덤덤해 보입니다.
하지만 그런 무덤덤한 시간에도
초자연적인 힘이 늘 우리 가까이에 있습니다.

편의점에서의 한 순간이
저에게 기적을 만들어 주었습니다

우리는 인생을 살아가며
빌딩 로비의 문처럼 커다란 열린 문을 기대합니다.
물론 그 열린 문은 큰 기회를 상징하기에
그러한 기대는 당연한 것입니다.
하지만 반대로 내 인생에는
빌딩 로비에 있음직한 커다란 문 대신
작은 창문만 주어진 것을 알게 되고
우리는 실망하고 좌절합니다.
하지만 제가 목사가 되고 나서 깨달은 것이 있습니다.
우리 눈에 작은 유리창으로 보이는 문이라도
성실하게 통과한 후 뒤돌아보면
그것이 실은 빌딩 로비에 있는 아주 커다란 문이었음을
알게 된다는 겁니다. 당장은 모른다는 거죠.
그러니, 커다란 문이 열리기만
초조하게 기다리지 마세요.

제가 처음 버지니아 비치에서 목회 일을 시작했을 때
우리는 정말로 작은 운동을 이끌었습니다.
우리는 힙합과 농구를 도입했지요.

제가 느끼기에 그 운동은 성장 잠재력이 있었어요.
그리고 우리는 큰 팀이나 큰 아이디어가 없었습니다.
그래서 저는 저와 마주치는 모든 사람들
한 명 한 명에게 교회에 오고 싶은지 물어볼 것이고,
이 일에 개인적으로 최선을 다할 것이라고 생각했습니다.
심지어 한번은 이런 적도 있습니다.
제게 끊어 줄 위반 딱지에 들어갈 내용을
다 쓴 교통 경찰에게 물어봤습니다.
"제 부탁을 들어 주실래요?"
그는 "No!" 단호하게 거절했죠.
저를 이상한 사람으로 보는 것 같았습니다.
나중에 생각해 보니 제가 타이밍을 잘못 잡았어요.
부탁을 들어 주겠다고 하면,
저는 제 교회에 한 번 오라고 할 생각이었거든요.
그도 그럴 것이 그때 제 머릿속에는
다음과 같은 생각만 가득 차 있었거든요.
'내가 한 명에게 가 닿으면 그 사람은 최소
한 명 이상에게 가 닿을 것이다.'
교통 경찰은 많은 사람들을 만나는 사람이니까
이 사람에게 가서 닿자고 생각한 것이었어요.
그런데, 제가 꿈꾸던 일은
전혀 예기치 못한 순간에 이루어졌습니다.

어느 주일날, 교회에 좀 늦었고 배가 고팠습니다.

우리 눈에 작은 유리창으로 보이는 문이라도
성실하게 통과한 후 뒤돌아보면
그것이 실은 빌딩 로비에 있는 아주 커다란 문이었음을
알게 된다는 겁니다. 당장은 모른다는 거죠.

즐겨 먹는 커피와 도넛을 사려고
가던 길을 멈추고 편의점에 들어갔습니다.
급한 발걸음으로 계산대로 갔죠.
마침 급히 답을 해야 하는 문자가 와서
돈도 꺼내고 문자도 보내느라 정신이 없었어요.
그리고 걸어 나가려는데 카운터에 있던 남자가
"어디 가세요?"라고 말한 것 같은 거예요.
저는 다시 카운터 쪽으로 돌아갔죠.
바로 알아듣지 못해 미안하다고 사과했어요.
그리고 이렇게 답했어요.
"교회에 가는 길이에요."
제 말은 거기에서 끝날 수가 없었어요.
한 사람의 영혼이라도 더 구해 내야 하는 사명이 저에게 있으니까요.
그래서 밑도 끝도 없이 사람들이 좋아하지 않을 말을 해 버렸어요.
"당신도 혹시 저희 교회에 가고 싶은가요? 그럼 저와 같이 가면 됩니다."
그가 저를 쳐다보며 단호하게 말하더군요.
"미안하지만, 저는 교회를 좋아하지 않아요!"
다를 잘 아시겠지만,
보통 우리가 대화할 때 보면
대화가 더 하고 싶지만
이야기를 마무리하는 사람이 있고,
대화를 빨리 끝내고 싶어
마무리하는 사람이 있습니다.

이 사람은 후자였어요. '더 이상 내게 말 붙이지 마세요.'라는 표정이 역력했습니다.
저는 그의 이름표를 보고 말했어요. 이름이 로스였어요.
그래서 이렇게 말했어요.
"그런가요, 로스! 저는 교회를 좋아하지 않는 사람들로 가득 찬 교회에 나갑니다. 그러니까, '교회가 실제로는 이렇지 않을 거야.'라고 여겨지게끔 우리가 그렇게 교회를 만들어 버린 것입니다. 그렇지만 우리 교회에 오시면 예수님을 만날 수 있습니다. 그러니까 오셔야 해요."
그는 잠시 내가 한 말에 대해 생각해 보더니 뜻밖에도 태도를 바꾸었어요.
"좋아요, 한번 가지요."
그런데 놀라운 일이 벌어졌어요.,
그날 밤 늦은 시각, 그는 약속을 지켰습니다.
저는 자리를 구해 줬고, 그는 거기에 앉으려고 걸어왔지요.
편의점 복장과 이름표 전부 다 착용한 채로 온 거예요.
그날 밤, 로스의 인생이 바뀌었습니다.
그는 그다음 주에 제게 전화해 말했어요.
"괜찮다면 아내를 데려가고 싶습니다."
저는 기쁜 마음에 좀 썰렁한 농담을 했어요.
"아뇨, 로스. 우리 교회는 진지한 커플들만 와야 해요. 당신 커플은 당연히 와도 됩니다. 하하하!"
그날, 로스의 아내가 왔습니다.
그 이후 그녀의 삶에 근본적이고
깊은 변화가 찾아왔습니다.

그다음 주, 로스가 또 전화로 말하는 겁니다.
"전처와의 사이에 낳은 딸이 친구 다섯 명을 데리고 올 거예요. 가도
되죠?"
저는 답했죠.
"로스, 이제 사람들이 올 수 있는지 더 이상 묻지 않아도 돼요. 말 그
대로, 올 수 있는 사람이라면 그 누구라도 오는 걸 환영하니까요."
한 달 사이에 저는 로스와 그가 데리고 온 사람들을 위해
다섯 줄의 좌석을 마련하게 되었습니다.
그리고 오래지 않아 준비할 좌석은 더욱더 늘어나게 되었습니다.

그저 그런 순간은 없습니다

저는 로스와의 여러 가지 일이 있은 이후로
이러한 일이 우리의 모든 인생,
모든 영역에서 일어나고 있음을 깨닫게 되었습니다.
저는 더 이상 큰 기회를 찾지 않습니다.
더 이상 그저 모든 것을 훌륭하게 만드는 마법과도 같은
완벽한 시나리오를 우연히 발견하기를 바라지 않게 되었지요.
자기 앞에 주어진 바로 그 순간을 직접 소유할 수 있다면,
그리고 그 순간에 충실함을 잃지 않도록 최선을 다한다면
이다음 순간에 무슨 일이 일어나든 평화롭게 살 수 있습니다.
우리는 인생을 살면서 다음에 일어날 일들을

통제하지 못합니다.
그러나 바로 지금 내가 가지고 있는 순간들,
사람들, 기회들은 통제할 수 있습니다.

당신을 위한 저의 메시지는 이것입니다.
당신의 순간들이 '그저 그런' 시간이 되게 하는 것을
허용하지 마십시오.
'지금 말고 다음에 하지 뭐!' 하는 방식을
거부하라는 뜻입니다.
직장에서 보내는 그저 그런 날.
남자친구에게 또는 여자친구에게 보내는
그저 그런 문자 메시지.
아내에게 또는 남편에게 보내는
그저 그런 문자 메시지.
아닙니다! 그것들 모두 '그저 그런' 게 아닙니다.
가까운 사람에게 문자 메시지를 보내야 한다면,
가장 진심 어리면서도 낭만적인 문장을 만드세요.
믿어도 좋습니다. 그저 그렇지 않게,
아니 오히려 최선을 다해 보낸 그 순간은
더 위대한 순간을 불러올 것입니다.
그렇게 찾아온 또 다른 순간은 역시
더 위대한 순간을 이끌어 낼 것입니다.
우리가 인생이라고 부르는 것은
제가 편의점에서 겪은 일과 다를 바 없습니다.

그러니 당신의 눈을 열어 두십시오.
계속 어두움 가운데 있는 것처럼 느껴지는 날이나
계절이 있을 것입니다. 그 어두운 날들이,
당신이 걸어가는 그 길에는 빛이 함께한다는
그 실제적인 진리를 도적질하지 못하게 하십시오.
때로는 아무도 당신의 삶이 올바른 방향으로
나아가고 있다고 믿지 않을 때가 있습니다.
그러나 당신이 빛을 향해 가고 있음이 분명하다면,
아무것도 달라질 것은 없습니다.
그들이 생각하고 싶은 대로 생각하게 놔두십시오.
당신은 자신이 가지게 될 그 하루 동안
자신이 취할 태도만 선택하면 됩니다.

아직 유년기인 제 딸 찰리는
어느 날 오후 장엄한 일몰 사진을 찍었습니다.
저는 제 딸이 워낙 하고 싶어 하기 때문에
마지못해 인스타그램을 하게 해 주었습니다.
저는 딸이 자기 자신을 자유롭게 표현할 수 있기를 바랍니다.
그리고 온라인상의 그 커다란 나쁜 세상을
두려워하지 않기를 바랍니다.
게다가 저는 누가 딸을 팔로우 하는지 체크합니다.
팔로우 숫자가 몇 명 안 되니 번거로운 일은 아니죠.
한번은 딸이 자기가 찍은 사진을 유심히 쳐다보고 있길래
그 표정을 살폈더니 딸이 이렇게 말했어요.

"아빠, 저는 이 사진이 좋아서 올리고 싶은데요.
하지만 아무도 이 사진을 좋아하지 않으면 어쩌죠?"
저는 말했죠.
"딸아, 사진을 더 잘 게시하는 게 좋겠구나.
바로 지금 말이야. 네가 그 사진을 좋아하니까.
다른 사람들이 그 사진을 좋아한다면 아주 좋겠지.
그러나 다른 사람들 시선을 살피느라고 네가 좋아하는
뭔가를 그만두지는 말아라. 네가 좋아하는 그걸 좋아하는
사람이 이 세상에 너밖에 없다 할지라도 말이다."
딸은 그 사진을 게시했습니다.
그리고 저는 그 일로부터 배웠습니다.
제가 지금까지 살아오면서
아마도 완전히 받아들이지 않았을
그 '순간'들에 대해 생각해 보게 되었습니다.
또한 다른 사람들이 그 같은 순간들을 만나면
어떻게 판단하는지를 신경 쓰고 염려하면서
견뎌 냈던 순간들에 대해서도 생각했습니다.

'다른 사람들이 내가 보내는 이 순간들을 좋아할까?'
'그들이 내가 그렇게 그 순간들을 보내는 것을 이해해 줄까?'
그러나 저는 변화하기로 했습니다.
'그 순간 내가 할 수 있는 것들을 끌어안겠다.'
'내가 그 순간에 할 수 있는 걸 놓치지 않겠다.'
당신의 인스타그램에도 때론 다른 사람들이

좋아해 주지 않는 사진이 있을 겁니다.
당신이 보내는 하루하루 중에도 다른 사람들이
좋아해 주지 않는 날들이 있을 겁니다.
그렇지만, 그 사진과 그 날들은
결국 당신의 순간들입니다.
소유자는 바로 당신입니다.
당신이 그 순간을 제대로 소유했다면
누가 그 순간을 좋아하든, 좋아하지 않든
아무런 상관이 없습니다.

많은 젊은이들이 묻습니다.
어떻게 사는 것이 잘 사는 거냐고요.
**저는 '나의 순간순간이 내 것임을 자각하고
사는 것' 이라 답합니다.**
외면하지 않는 것.
지나치지 않는 것.
이 순간 내가 할 수 있는 일을 끌어안는 것.
내가 그 순간에 할 수 있는 걸 놓치지 않는 것.
이것은 곧 영혼이 깨어 있는 일입니다.

**어쩌면 매우 어려운 일일 수 있지만
반대로 쉽게 인식될 수 있는 일입니다.**
우리의 일상으로 들어온 인스타그램이
순간의 의미를 재인식시켰기 때문입니다.

HOLD · LIFE · ESSAY 02

의도적인 감속의
순간이 필요해요

차를 가지고 나간 어느 날,
도로에는 차가 꽉 막혀 있습니다.
그런데 내가 그 교통 체증의 한가운데에 있다는 사실을
잠시 잊을 수 있다면,
거기서 빠져나와
다른 사람들의 차를 관찰하는 일은 흥미롭습니다.

어쨌든 분류를 위해 이름을 붙여 봅니다.
우선 '파티' 차가 있습니다.
**'파티' 차에 탄 사람들은
차가 꽉 막혀 있어도 스트레스를 받지 않습니다.**
"뭐가 문제야? 지금 우리는 노래하고 춤출 수 있는데!"
음악이 쾅쾅 울리고,
그들은 더 웃고, 노래하고, 리듬을 탑니다.

다른 쪽에는 '이혼 직전'의 차가 있습니다.

남편은 멍하니 앞 유리를 쳐다봅니다.
마치 앞 유리를 계속 쳐다보고 있으면,
자기 몸이 저절로 차 바깥으로 튀어 나가는
마술이 일어날 것처럼 말입니다.
옆자리에 앉은 아내는 뭘 하고 있을까요?
뭔가 열심히 말을 합니다. 그런데 결코 좋은 말은
하고 있지 않은 것 같습니다. 억양은 폭발할 듯합니다.
남편에 대한 독설, 뉴욕의 교통 체증에 대한 독설,
세상에 대한 독설이겠지요.

'내 차 안에서는 나도 스타' 차도 있습니다.
평소에는 절대 노래를 부르지 않다가
자기 차 안에서는 큰 소리로 불러 댑니다.
특히 차가 막히면 그 증세가 더 심해집니다.
내 안의 숨어 있던 휘트니 휴스턴이
막 튀어 나오니
어쩔 도리가 없습니다.

제가 개인적으로 좋아하는 사람이 있는데,
그와 차를 같이 타면
평소의 그와는 또 다른 모습을 보게 됩니다.
그는 차가 막히는 상황을 조금도 견디지 못합니다.
조급하고 초조한 감정을 마구 드러냅니다.
빵빵 경적을 울리는 것은 기본이고,

운전대를 손으로 마구 때려 댑니다.
그러다가 몇 분마다 목에 힘을 빡 주고 소리를 지릅니다.
"가자! 가자! 제발 좀 가자구!"
마치 뉴욕시에 사는 800만 명의 사람들이
모두 도로로 나와서 자기 앞을 막고 서 있는 것처럼 말합니다.

그러다가 조금이라도 틈이 나면 다른 차량들 앞으로
차를 들이댑니다.
사실 이런 조급증에 걸린 운전자들이 많이 있습니다.
그런데 재미있는 것은
이렇게 여러 대의 차량을 가로질러 달려간 차량이
천천히, 아주 천천히 기어가고 있는 차와
똑같이 빨간 신호에 대기하고 있다는 겁니다.
천천히 가는 차는 이렇게 말하고 싶을 겁니다.
"이봐요, 나는 기어가고 있고 당신은 레이싱을 하고 있는데 우리 둘
다 정확히 똑같은 곳에서 빨간불에 걸렸네요."

그런데 우리 인생의 모습도
이와 크게 다르지 않습니다.
교통 체증의 한복판에서
차를 이리저리 들이대며
레이싱을 시도하는 운전자와 다름이 없습니다.
이러나 저러나 빨간 신호에 같이 대기하는 것은
마찬가지인데요.

이번에는 마트로 가 봅시다.
사람들이 카트를 끌고 어느 계산대로 갈까
이리저리 고개를 내두르며 조바심을 냅니다.
곧장 한 군데를 정해서 가는 일은 거의 없죠.
한 명이라도 대기자가 적은 계산대,
계산할 물건이 덜 올라가 있는 계산대를 찾으려고
이쪽저쪽 두리번거립니다.
저도 자주 그럽니다.
이쪽 줄에 서 있다가 급하게 저쪽 줄로 뛰어가죠.
우리 부부는 각자 카트를 끌고 쇼핑을 하곤 하는데,
계산대를 바꿔 다니는 저를 보고
아내는 반은 확신, 반은 짜증으로 말합니다.
"한번 볼까요? 원래 서 있던 줄이 더 빠를 걸요.
그러니까 그냥 거기 있어요."
그다음 장면은요?
거의 아내 쪽이 더 빨리 끝납니다.
아내는 차에 먼저 가서 음악을 들으며
저를 기다리고 있습니다.
그럴 때마다 저는 처음 겪는 일인 것처럼 말합니다.
"옮긴 계산대가 별로 빠르지 않았어. 차라리 원래 서 있던
데서 계산하는 게 더 빨랐을 거야."

"더 빨리 도착하려면, 더 천천히 가십시오."
저와 제 아내가 막 교회를 개척하려고 할 때

저의 멘토가 해 준 말입니다.
더 빨리 도착하려면 더 천천히 가라니?
매우 역설적인 지혜입니다.
그러나 빠른 속도를 좋아하는 것으로는
누구에게도 뒤지지 않는 제게
균형감을 잡아 주는 훌륭한 조언이었습니다.

저는 지금도 그 조언을 마음 중심에 두고 있습니다.
그 덕분에 때로는 더 느릴 것 같고,
눈에 띄지도 않는 줄에 섰을 때
자신이 추구하는 바를 향해
더 잘 나아갈 수 있음을 알게 되었습니다.

당신의 메뉴도 똑같은 메뉴판에서
고른 거예요!

저는 교회에서 예식을 원하는
선남선녀들의 결혼식에
주례를 맡습니다.
이것은 목사이기 때문에 주어지는
영광이자 일종의 특권이죠.
그런데 그때마다 좀 웃기다는 생각이 듭니다.

왜 거의 모든 신랑과 신부가
예식이 빨리 끝나기만을 원하는 걸까요?
모두들 초특급 속도로 빨리만 끝나면
좋겠다는 겁니다.
그래서 저는 물었습니다.
"아니, 이런 귀한 시간이 왜 빨리만 끝나길 원하는 거죠?"
그랬더니 모두들 같은 대답을 합니다.
결혼 준비 과정에 스트레스가 많아
결혼식을 즐길 수 있는 마음이 아니라고요.
이해를 못하는 것은 아닙니다만,
저는 그 날의 신랑 신부에게 정중히 제안하곤 합니다.
이 귀한 날, 몇 분 동안만이라도
슬로모션 버튼을 눌러 달라고요.
하지만 대부분의 신랑 신부는 그렇게 하지 못합니다.
그 결과 참석자들은 물론이고, 꽃 장식과
축하 케이크의 모양과 색을
거의 기억하지 못합니다.
심지어 사회자가 누구였는지 기억하지
못하는 이들도 있습니다.
왜 그럴까요?
그 순간에 제대로 머무르지 못하고
정신없이 지나갔기 때문입니다.

우리는 늘 바쁘게 이것저것 둘러봅니다.

그렇지만 아무리 뒤져 봐도
'나는 그때 거기에 있었지!'가 아니라
'나는 그 순간을 놓치고 말았어!'라는
아쉬운 장면만 남아 있습니다.

서둘러 이 일 저 일을 합니다.
조급하게 이 계좌에서 저 계좌로 입금합니다.
그러고는 시간이 한참 지나서야
그때 그렇게 한 게 내 인생에
무슨 영향을 미쳤을까 뒤를 돌아봅니다.
그 당시 무슨 일이 일어났었나 떠올리려고
머릿속을 샅샅이 뒤집니다.
그렇지만 아무리 뒤져봐도
'나는 그때 거기에 있었지!'가 아니라
'나는 그 순간을 놓치고 말았어!'라는
아쉬운 장면만 남아 있습니다.

제가 당신에게 주고 싶은 메시지,
'순간을 소유하며 살라'는 것은,
세상이 나를 흔들어 놓아도
크게 흔들리지 않고
살 수 있는 방법입니다.
그러나 순간을 소유하거나,
흔들리지 않고 살기 위해선
'의도적인 감속의 순간'이 필요합니다.
속도에 대한 의도적인 자각 없이는
우리는 속도 중독에 빠질 수밖에 없습니다.

우리는 동일한 상황에서

타인이 나보다 훨씬 더 좋은 것을 누리는 것처럼
보일 때 부러움을 느낍니다.
이는 식당에서 다른 사람들이 고른 음식을 보는 즉시
'나도 저걸 주문할 걸 그랬어!' 하고
후회하는 모습으로 나타납니다.
마치 나는 메뉴판을 전혀 보지 않고 주문한 것처럼
말하는 것이죠.
분명 나도 같은 메뉴판을 보고 선택한 것인데요!
우리는 같은 레스토랑에서
같은 메뉴판을 보고 있습니다.
그런데 누군가는 자신이 진정으로 원하지 않는
메뉴를 선택합니다.
그리고 자신의 메뉴 선택을 후회합니다.
당신은 메뉴판 보는 속도를
평소보다 감속했어야 했어요.
메뉴판을 좀 더 천천히 봤어야 했다는 의미입니다.
배가 고파 미칠 지경이 아니라면 말입니다.

HOLD · LIFE · ESSAY 03

귀는 기울이되
듣지는 마세요

누구나 살면서 가장 궁금한 게 있습니다.
내 인생의 목적입니다.
목적이란 우리의 삶을 역동적으로 이끌어 주는 원동력이죠.
목적을 아는 사람들은 열정이 있습니다.
반대로 무기력한 사람들은
삶의 목적을 모른다고 말합니다.
목적을 잃어버렸기 때문에
무기력해질 수밖에 없었을 겁니다.
목적을 알면 내 인생이
나 하나로 이루어진 게 아니라는 것을 알게 됩니다.
내 주위의 것들이 내 목적에 모두 연결되어 있다는 사실을
알게 되는 것이죠.
그러니 내 주위의 것들을 어떻게 다루느냐 하는 문제에
우리는 주의를 기울여야 합니다.

제가 청소년 시절에, 전설적인 힙합 가수 투팍에게

이런 말을 들은 적이 있어요.
"당신이 무엇인가를 지지하지 않는다면, 당신은 아무것에도 빠지지 않게 될 것입니다."
투팍이 최초로 한 말인지, 아니면 누가 했던 이야기를 인용한 것인지는 확실치 않아요.
하지만 그건 중요하지 않습니다.
저는 이 말을 고등학교 3학년쯤 되었을 시기에
많이 써먹고 다녔어요.
'쿨'해 보였거든요.
그런데 이 말은 어른이 되고, 목사가 된
지금까지도 제 인생에 큰 영향을 미칩니다.

그런데 저는 뉴욕에서 살게 되면서
이 말을 저의 버전으로 바꾸어 보았습니다.
"당신이 무엇을 믿는지, 무엇에 대해 열정적인지
당신은 더 정확하게 알아야 합니다."
이 말은 제가 만나는 사람들,
특히 뉴욕과도 같이 어지러운 곳에서 사는 사람들에게
꼭 해 주고 싶은 말이 되었습니다.

왜냐하면,
만약 당신 스스로가 그렇게 하지 않는다면,
당신이 살고 있는 도시와 그곳의 문화가
당신을 원하지 않는 곳으로

끌고 가 버릴 것이기 때문입니다.

패션은 주간마다 바뀝니다.
그렇다면 도덕성은요?
도덕성은 오랜 기간에 걸쳐
계속 내리막길만 걷고 있지요. 그뿐인가요.
이제는 많은 청년들이
결코 위대하거나 전설적인 일들을
하려고 하지 않습니다.
그저 평범한 일상만을 살고 싶어합니다.
하지만 저는 매 주일 교회에 모인 청년들에게
달라져야 한다고 설교합니다.
평범한 일상도 소중하지만,
위대하거나 전설적인 일들을
갈망해야 한다고 말합니다.

사실 저는 교회에 모인 청년들이
의욕과 열정이 없어서 그런 게
아니라는 것쯤은 잘 알고 있습니다.
그렇지만 그들은 머뭇거리고 있습니다.
또한 의욕과 열정을 보였다가도
오래 지속하지 못합니다.
왜죠?
사람들이 흔들어 댄다는 것이 그 이유입니다.

자신의 진의를 왜곡하는 말을
수없이 들어야 하기 때문입니다.
왜냐하면
위대한 일이란, 역설적으로 모든 사람들에게
지지받을 수 있는 일이 아니니까요.
결과적으로 그 과정을 뚫고 나갔을 때
비로소 위대한 일이 되는 것이기 때문입니다.

한번은 어느 설교자가
다음과 같이 말하는 것을 들었는데
매우 인상적이었습니다.
"**필요하지도 않은 것들을 구매하느라
돈을 낭비하지 마십시오.**
불필요한 것들을 사고 나서
돈이 없다고 말하지 마십시오.
또한, 자기가 좋아하지도 않는 사람들에게
좋은 이미지로 남으려고 인생을 허비하지 마십시오."

매우 예리한 관찰이라고 생각했습니다.
우리는 정말로 이렇게 살고 있는지도 모릅니다.

지난 몇 년 동안 당신이 내린
수많은 결정들을 돌아보십시오.
그 결정들의 기준은 무엇이었습니까?

그 많은 결정들의 뿌리까지 내려가 보세요.
'다른 사람들이 나를 인정해 줄까?'
오로지 이 한 가지 생각만 있지 않았나요?

'그들은 나를 뭐라고 생각할까?'
'그들이 나를 알아봐 주기나 할까?'
저도 다르지 않아요.
저 역시 몇 가지 중요한 일에 대해
이런 고민을 하다가
결정을 내린 적이 있습니다.
하지만 그런 결정 이후엔
반드시 후회가 찾아왔지요.

우리는 중요한 일을 하게 되었을 때,
오히려 대다수가 의문을 가질 법한
결정을 내려야 합니다.
비현실적인 조언이라고요?
아니, 가장 현실적인 조언입니다.
당신이 어떤 일을 시작할 때는
헤쳐나갈 많은 힘이 있었다고 칩시다.
하지만 일단 시작하면 달라집니다.
당신은 가능하면 주위 사람들의 말에
귀를 기울이려고 하죠.
하지만 대부분의 조언은

기술적인 것들입니다.
내가 세상의 모든 것을 다 알 수는 없기에
주변의 기술적인 조언들은
참 소중합니다.
그러나 내가 단단하지 못할 때
기술적인 조언들이 내 중심에 들어온다면
결국 나를 흔들어 놓는 결과를 가져옵니다.

나의 진의를 왜곡하는
사람은 늘 존재해요

농구를 좋아했으며,
자칭 농구 전문가였던 저는
저의 청소년 시절 슈퍼 스타였던 마이클 조던에게
다음과 같은 조언을 하고 싶었어요.
"저는 당신의 플라잉 점프를 인정할 수 없어요.
오히려 룩 롱리(조던과 함께 시카고 불스 최고의 전성기를 이끈 센터)에게
더 많이 패스를 해 주어야 해요."
지금처럼 SNS가 있었다면
저는 조던의 SNS에 그런 어쭙잖은 조언으로
도배를 했을 겁니다. 없어서 다행이었지요.

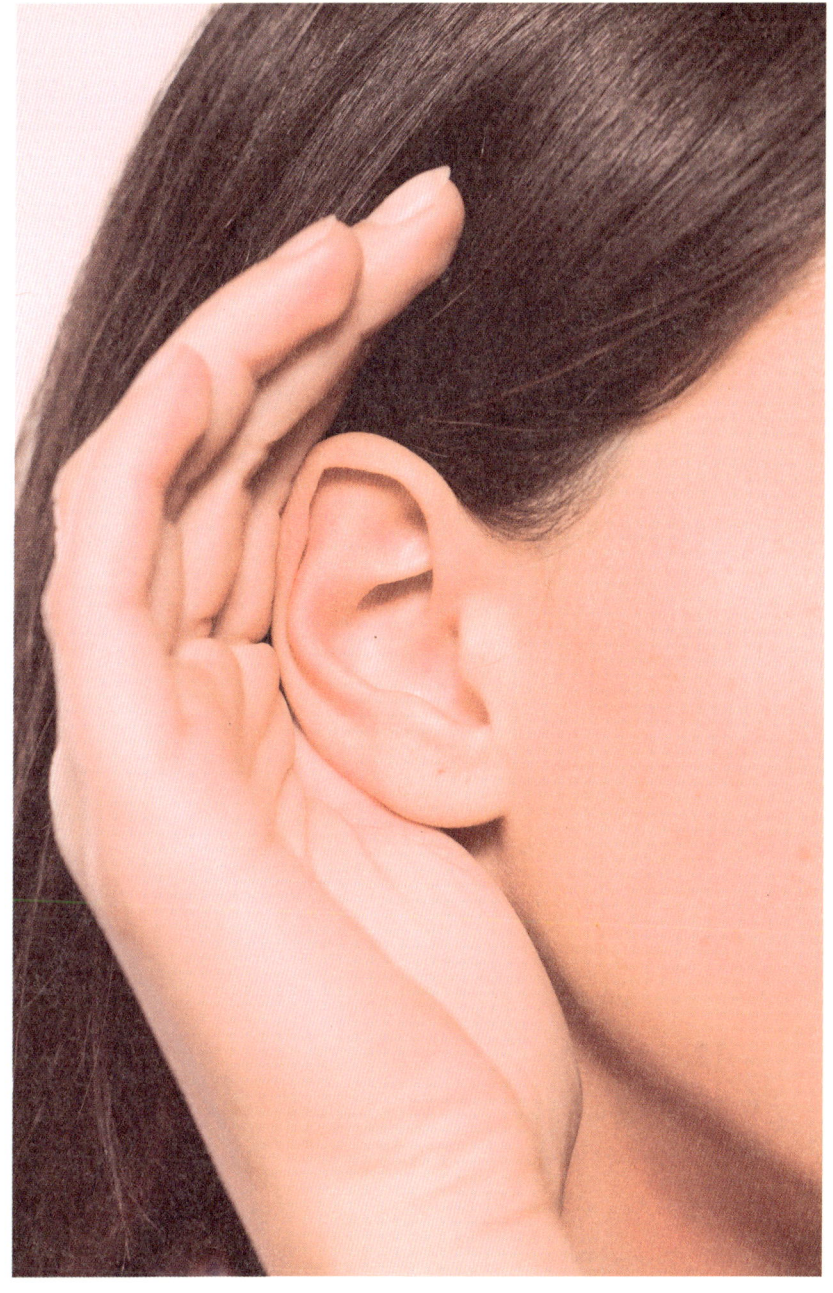

그런데 올해 NBA 플레이오프를 시청하면서
그 시절의 일이 다시 떠올랐어요.
농구 전문가라는 사람이
르브론 제임스 선수에게 이렇게 말했어요.
"라인을 따라 돌파하는 것 좀 그만하고,
스테판 커리처럼 3점 슛을 더 쏘세요.
자기가 사이보그라는 사실은 그만 잊으시란 말이에요.
빌어먹을 르브론."
소위 '전문가'라고 하는 사람들의
불필요한 조언에 대해
다시 생각해 볼 기회가 되었죠.

제가 아내인 로라 목사와 함께
뉴욕에서 교회를 개척하기로 결정했을 때,
저는 사람들이 뭐라고 생각할지에
굉장히 신경을 썼습니다.
하지만 동시에 굉장히 신경을 쓰지 않았습니다.
무슨 말이냐고요?
우리에게는 단단한 목표가 있었어요.
교회를 떠난
뉴욕의 젊은이들을 다시 교회로
불러 모으는 것이었습니다.
그 목표를 달성하기 위해선
늘 해오던 방식으론 어렵다는 것을

잘 알고 있었어요.
우리에겐 다른 방식이 필요했어요.
또한, 우리는 뉴욕에 있는 사람들이
모두 우리의 방식에 대해
호감을 갖지는 않으리라는 것도
잘 알고 있었습니다.
그러나 모두가 그렇지는 않더라도,
꽤 많은 사람들이 우리 부부의 방식을 이해하고
동의하고 지지해 주리라 생각했죠.
하지만 현실은 그렇지 못했어요.
우리는 생각보다 많은 비난을 감수해야 했어요.
그도 그럴 것이 우리는 지금까지 기준이 되어 왔던 것들이나,
일상적인 많은 것들을 뒤흔들어 버렸거든요.

마약 같은 중독성 약물 판매상들은
우리 때문에 화가 많이 났어요.
우리를 만난 청년들이 약물을 끊고
더 이상 중독자로 살지 않기 때문입니다.
중독성 약물 판매상들이 돈을 버는 데
우리가 심각한 위협이 되고 있는 것이죠.
그동안 사귀었던 여자친구들이
모두 다 바람을 피웠고,
모두 자신을 쓰레기 취급했다면서
여성 혐오에 가득 찬 편지를

제게 보냈던 청년이 있었어요.
그런데 그가 이 색다른 교회에 오게 되었어요.
그리고 자신이 증오했던 그 여자친구들의
존재 가치를 깨닫게 되었습니다.
그는 여자친구들을 차례로
교회로 데리고 오는
기적과 같은 일을 보여 줬어요.
그렇게 초대된 청년의 이전 여자친구들은
지금도 여전히 교회 좌석을 차지하고 있지요.
그러면서 저는 뉴욕의 청년들이
왜 교회를 떠나는지 생각해 봤습니다.
교회와 자신의 삶이 너무 분리되어 있기 때문입니다.
실제 자신의 삶에 변화가 일어날 수 있다면
청년들은 다시 교회로
올 수 있다는 것을 알게 되었어요.

좀 더 이해하기 쉽게 이야기해 볼까요?
뉴욕은 청년들이 중심을 잡고 살아가기
어려운 환경입니다.
앞에서 말했듯이 패션은 주간마다 바뀌고
온갖 유행도 계속 바뀌죠.
그 유행에 휩쓸려서 사는 것이
가장 멋지게 사는 것처럼 보입니다.
그렇지만 대부분 인생의 목적을 알지 못해요.

늘 불안하고, 우울합니다.

그렇습니다.
**알 수 없는 불안과 우울과 공포로
마음에는 구멍이 숭숭 뚫려 있지요.**
그러니 약물에 의존하고
여러 가지 중독에 빠집니다.
자신의 영성은 잠들어 있어
하나님을 만나는 일은 멀게만 느껴집니다.
주변에 자신의 영성을 깨워서
하나님을 만나고 교회에 잘 다니고 있는
성실한 친구가 있다 칩시다.
그런데 친구는 이런 조언을 해 줍니다.
"약물은 나쁜 거야. 해서는 안 되는 거야.
 널 사랑하니까 이렇게 말해 주는 거야. 그것뿐이야."
그런데, 안타깝게도 이런 조언은
하나마나한 것입니다.
아무런 변화의 능력을
가질 수 없기 때문입니다.

저는 뉴욕의 청년들에게 교회가 존재하는 이유를
보여 주고 싶었습니다.
**교회란 하나님께서
우리의 삶 가운데 펼쳐 보이시는**

**능력의 손길로
삶에 근본적인 변화를 맞이하게 된
사람들을 보기 위해 존재합니다.**

누군가의 삶이 그와 같이 변화될 수만 있다면,
우리는 무슨 일이 있더라도 그들로 하여금
교회에 와서 그동안 눈에 보이지 않던 것,
그동안 눈으로 볼 수 없던 것을
보고 듣고 체험하게 해야 합니다.

이는 하나님의 말씀을
전해 들을 그 사람이
우리 눈에 어떻게 보이는지는
신경 쓰지 말아야 함을 의미합니다.
교회에 어떤 옷을 입고 오든 상관할 바가 아닙니다.
그가 교회에 오기 전에 차 안에서 두 시간 동안
대마초를 피워서
레게 음악 콘서트장에서나 날 법한 냄새가
몸에서 풍긴다 해도 상관없습니다.

그들보다 하나님을 먼저 만난 이들이
보여야 할 태도는 무엇입니까?
**그것은 바로 교회 문을 활짝 열어
인생의 목적을 잃어버린 사람들이**

**인생의 목적을 찾아가는 것을
환영하고 기뻐해 주는 것입니다.**

뉴욕에서 교회를 개척할 당시의 일입니다.
그때는 매 주일 예배를 일곱 차례 드렸습니다.
예배 장소는 어빙 플라자였는데요.
여기는 보통 록 공연을 하는,
뉴욕에서 아주 멋진 곳입니다.
와서 깡충깡충 뛰는 청년들을 볼 때면
저는 가끔 '이 친구들이 예배가 아니라
콘서트인 줄 알고 왔나 보다.' 하고
혼자 조용히 웃곤 했습니다.
**사실, 저는 어떤 이유로 교회에 오게 됐든
그것에 신경 쓰지 않습니다.
어찌 됐든 하나님을 만날 수 있는
기회를 갖는다는 게 중요하니까요.**
매 예배는 45분에서 1시간 정도 올립니다.
제 설교 스타일은 지적이지 않습니다.
대신, 록 가수가 '샤우팅'하듯 온 열정을 쏟아냅니다.
그래서 각 예배 시간마다
똑같이 준비된 메시지가 아닌,
각기 다른 메시지를 내보내기도 합니다.
그래서 주일이 마감될 때면
저는 완전히 소진됩니다.

그 날 일곱 번 예배 중 중간쯤의 예배를 마치고
저는 몇몇 교우들과 함께
다음 예배가 시작될 때까지
바람을 쐬기 위해
몇 블록을 걸었습니다.
아마 10분쯤 걸었을 겁니다.
우리 일행은 커브 길에 자리를 잡고 앉아
잠시 쉬기로 했습니다.
아주 더운 날이었거든요.

잠깐의 휴식이 끝난 후
돌아가려고 일어서는데
모퉁이에서 한 남자를 보았습니다.
뉴욕에서는 종종 보는 풍경입니다만,
그는 맥주 캔을 쥔 채로 쓰러져 있었습니다.
알코올 중독자 같았는데
샤워나 식사, 심지어는 다른 사람들과 대화를
한 지도 꽤 오래 되어 보였습니다.
모자를 쓰고 있었는데, '베트남 참전 용사'라고
씌어 있었습니다.

모자를 보고 저는 마음이 더 급해졌어요.
저희 할아버지도 해병대로 참전해 부상당한
'참전 용사'이시거든요.

그래서 저는 참전 용사들에게
더 각별한 관심이 있습니다.
저는 그에게 다가갔고,
우리는 대화를 나누었습니다.
저는 그에게 제가 가지고 있던 돈을 주었습니다.
그리고 늘 하던 대로 했죠.
바로 교회로 초대하는 것입니다.

그는 저의 제안에 대해
고맙다고 하면서도,
피곤해 보이는 눈으로
저를 바라보며 말했습니다.
"이보게 젊은이, 교회는 나를 받아들이지 않을 걸세.
나는 냄새가 나질 않나. 술에 취해 있고.
그리고 솔직히 말해서 30분 동안 조용히 앉아 있으려면
내 손에 맥주가 있어야 하네. 이 맥주 캔은 비어 있지 않나."
저는 말했죠.
"선생님, 제가 특별한 교회를 운영하는 한 사람을
알고 있는데요. 당신은 분명 그 교회에서 환대받을 겁니다.
또 말씀드릴 게 있어요.
당신이 맥주 없이는 있을 수 없다고 하니,
제가 맥주를 살게요. 당신은 교회 안에서 그 맥주를
들고 다닐 수 있고, 마실 수 있고,
심지어는 교회 바닥에 부을 수도 있습니다.

뭐든 당신 하고 싶은 대로 해도 됩니다.
이 거래 어떻습니까?"

그렇게 그는 교회에 왔습니다.
물론 맥주도 같이 왔습니다.
그가 교회 안으로 걸어 들어올 때
그리고 안내를 맡은 봉사자들에게
포옹으로 인사받을 때
그의 표정이 어땠는지
당신이 보았다면 좋았을 거예요.
그는 자신을 존중해 주는
품격 있는 인사를 받으며
안으로 들어왔습니다.
아마도 그로서는 너무 오랜만에
겪어 보는 일이었을 겁니다.

예배 초반에 저는
어색해하는 그의 옆에 서 있었어요.
그런데 교회에 들어온 이후부터
그의 표정이 정말 재미있었어요.
제가 진짜 목사인지를 살피는 거 있죠.
왜냐하면 자기 생각에 저 같은 목사는
세상에 없는 게 맞으니까요.
그리고 그의 옆에 서 있던 저는

나가서 설교할 차례가 되자 그에게 말했죠.
"곧 돌아올게요."
제가 설교하러 간다고 하면서부터
그의 표정이 좀 안심이 되어 보였어요.
'목사가 맞긴 맞나 봐' 하는 표정이었거든요.
그리고 그는 몸을 기울여 제 설교에 집중했습니다.
도대체 이 사람이 무슨 이야기를 하나
호기심이 들었나봐요.

저는 목소리 톤을 높여 설교를 하기 때문에
설교 중에 물잔을 들고 조금씩 마셔야 합니다.
물을 마시고 나서 제가 늘 하는 말이 있어요.
"교회에 새로 오신 모든 분들을 환영합니다."
그날도 같은 말을 했어요.
그러자 그분이 맨 앞줄에서
맥주를 들어 올리며 말하더군요.
"저도 당신이 반갑습니다. 맥주 고마워요, 목사님!"

99

예배를 마치고 우리는 함께 기도했습니다.
이야기도 나누었지요.
또한, 그가 부서질 대로 부서진
인생의 조각들을
천천히 맞추어 나가는 데 도움이 될 만한
몇 가지 일들을 하게 해 주었습니다.
그래서 그날 밤은
그에게도 또 저에게도
잊을 수 없는 순간이 되었습니다.

이것은 지금으로부터 몇 년 전 일로,
당시만 해도 인스타그램에서
저의 일거수일투족을
팔로우 하는 사람이 많지 않았습니다.
하지만 저는 그때 제 생각을 사진과 함께
글로 남기고 싶었습니다.
"분명 이 이야기는 모든 사람들에게 격려가 될 것입니다.
그래서 올립니다."
다음 날 인스타그램을 열고 댓글을 봤습니다.
보통의 합리적인 몇 분이 사리에 맞는,
예상이 되는 댓글을 남겨 주셨더군요.
"와우!"
"대단해요!"
"감사합니다!"
알다시피 이 같은 댓글은 이러한 이야기에 대해
인간이 보일 수 있는 최소한의 따뜻함이죠.

하지만 다른 많은 사람들은 교회에서
맥주를 마시는 한 남자의 사진에만
시선이 꽂혔습니다.
그들의 반응은 이랬습니다.
"칼, 당신은 세상의 속물적인 것에 자신을 팔아넘긴 거예요.
도가 지나치네요."
"당신의 교회는 매우 비이성적이네요.

그렇게 감정을 따르다니요! 마치 수영도 할 줄 모르는 사람이 깊은 물이 있는 곳으로 뛰어내리는 격입니다. 말도 안 되는 일이죠. 하나님의 집에 대한 존경심이라고는 전혀 없네요."
이보다 심한 댓글도 많이 달렸습니다.

이러한 댓글들 때문에
제가 괴롭거나 흔들린 건 아니었지만
한 가지 잘못한 것은,
저의 대응 방식이었습니다.

저도 감정적으로 그들을 공격했거든요.
"이보세요. 당신들은 내가 빈털터리 노숙자에게
사랑을 주기 위해 택한 방식에 대해
한번이라도 진지하게 생각해 보고 비난을 퍼붓는 건가요?"
다음 날 댓글을 보았습니다.
그야말로 댓글 전쟁이 벌어졌습니다.
독설투성이였습니다.
저는 그제야
묵상하는 시간을 갖기로 했습니다.
'내가 뉴욕에 온 목적이 흔들리고 있는가,
그렇지 않은가'에 대해 묵상하고 싶었습니다.
다행히도 저는 그때 흔들리지 않고 있다는 것을
알게 되었습니다.
그때 '세상에는 나의 진의를 왜곡하는 사람들이

늘 존재한다는 것을 인정하자!' 는
교훈을 얻었습니다.

헤드폰을 가까이에 두세요

우리는 자기가 하는 일에 있어서
오만하거나 잘못된 자신감을 가지는 사람은
결코 되지 말아야 합니다.
그러기 위해선
타인의 말에 귀를 기울여야 합니다.
그러나 귀는 기울이되,
나의 목적이 흔들릴 것 같다면,
더 이상은 듣지 말아야 합니다.
그럴 때는 헤드폰을 쓰세요.
주변의 소음을 적절히 차단하는 효과가 있지요.
당신은 지금, 목적에
집중해야 하기 때문입니다.
목적에 충실한 삶을 위해선
헤드폰을 가까이 두세요.
곧 당신이 차단해야 할 소음이 들릴 테니까요.

영화 〈덩크슛(White Men Can't Jump)〉에서

주인공 빌리(우디 해럴슨)가
지미 헨드릭스의 팬이라고 말하려고 애쓸 때,
웨슬리 스나입스가 우디 해럴슨에게 한 말처럼요.
"넌 지미 헨드렉스 음악을 들을 수 없어.
귀를 기울일 수는 있겠지. 하지만 백인은 지미 헨드릭스(미국 최고의
기타리스트 중 한 명으로 꼽힌다. 흑인 특유의 감성을 기반으로 공격적이고 때로는
부드러운 선율의 명연주를 남겼다) 음악을 들을 수 없어."

누가 당신을 미워하나요?
당신은 그렇게 생각할 필요 없습니다.
아마 사실이 아닐 테니까요.
누가 당신을 과장하나요?
당신은 그렇게 생각할 필요 없습니다.

그것도 아마 사실이 아닐 테니까요.
당신은 당신에 대한 미움과 과장
그 중간 지점에서 살고 있습니다.
그곳은 진실이 가장 많이 있는 곳입니다.
당신이 인생에서 뭔가에 대해 변화를 주고,
방향을 바꾸고, 타협할 때는
정말로 그렇게 해야만 하는
선한 이유가 있는지
스스로에게 먼저 물어야 합니다.
사람들이 뭔가를 변화시키고 싶어할 때,
저는 왜 그렇게 하는지 물어봅니다.
그들은 말하죠.
"글쎄요, 다른 사람들이 내가 변화해야만 한다고 생각해요."
그에 대한 저의 첫 번째 반응은 항상 똑같습니다.
"당신이 말한 다른 사람들이란 누구를 말하는 겁니까?"
보통 이다음에 따라오는 대답은 이렇습니다.
"글쎄요, 모두 다요."
그러면 저는 말합니다.
"좋습니다. 그 사람들 이름을 말씀해 주세요. 전부 다요."
거의 예외 없이 두 명 정도 이름을 댑니다. 그게 전부예요.
저는 이 점을 꼭 말해 주려 합니다.

저는 자신에 대한 평가로 괴로워하는 사람들에게
'시간이 흐르면 서로가 서로를 이해하게 될 것'이라는

말은 하지 않습니다.
현실적인 조언이 아니기 때문이지요.
제가 경험해 보니
실제로 그런 일은 거의 일어나지 않았죠.
왜냐하면 당신이 반응을 보인 순간
부정적 댓글을 올렸던 사람은
자기가 중요한 사람이구나 생각합니다!
'오, 알겠네! 내가 말한 게 중요한 거고, 내가 옳다는 걸.'
그리고 나서 그는 계속 댓글을 달 것입니다.

제 경험으로 얻어낸 결론은 이런 경우
일단 악플을 삭제하고,
그 악플을 게시한 사람을 차단하는 것입니다.
악플러들의 의견을 다 읽어 줄 필요도,
받아들일 필요도 없습니다.
나의 SNS에 찾아왔다고 해서
모두 맞아들일 필요는 없습니다.
그들이 찾아올 권리가 있다면
나에게는 받아들이지 않을 권리가 있습니다.

이렇게 사는 방법을 선택했을 때,
그것이 우리 인생에 미치는 영향은
실로 무한합니다.
당신은 살아가면서

차단하고, 삭제하고, 이동할 권리가 있습니다.
당신이 사랑하는 음성, 당신이 신뢰하는 음성에
귀를 기울이기를 선택하십시오.
그 나머지 것들은 결코 당신의 레이더에
포착될 필요가 없습니다.

최근 일주일 사이에 있었던 일인데요.
일주일 사이에 저는
"정말 많은 사람들을 돕는 훌륭한 목사"로 불렸습니다.
그리고 동시에 "뉴욕시에서 제거되어야 할 암적인 존재"라는 말도
들었습니다.
그럼 저는 대체 누구일까요?
훌륭한 목사일까요? 암적 존재일까요?

그러나 저는 그 양쪽 다 아니라는 것을
너무 잘 알고 있습니다.
그래서 전혀 개의치 않고 있습니다.
양쪽 말에 모두 귀는 기울였지만,
결국 듣진 않았으니까요!
그래서 그 말은
저를 흔들어놓지 못했습니다.

HOLD · LIFE · ESSAY 04

자신의 기본값에서 벗어나야 합니다

제가 어떻게 지금 여기에 있는지
그 이야기를 할까 합니다.
저는 완벽하지는 않지만
꽤 친밀하고 평화로운 분위기의
가정에서 자랐습니다.
제 부모님은 결혼하신 지 50년쯤 됐습니다.
저는 지금껏 살아오는 동안 매일 두 분이
서로 희생하며 신실하게 사랑을
나누는 것을 보아 왔습니다.
아마 두 분 다 예수님과의 관계에 뿌리를 두고
사랑하는 법을 배우며 살기를 원하셨기 때문인 것 같습니다.
그래서 저는 아주 좋은 가정생활의 사례 속에서 자랐습니다.

제게는 여동생이 셋 있는데요.
셋 다 자신만의 길에서 두각을 나타내고 있지요.
성장하고 난 이후 서로 멀리 떨어져 지내다 보니

자주 만나진 못합니다.
하지만 세 명의 제 여동생들, 메리, 베다니, 코리는
제멋대로 선택하며 살아온 제 인생의 모든 과정에서
항상 저의 지지자이자 후원자가 되어 주었습니다.
저는 여자 형제 세 명에 어머니까지
총 네 명의 여성으로 둘러싸인 환경에서 자랐어요.
그런데, 이런 상황을 고스란히 보여 주는
여섯 살 무렵의 사진이 남아 있습니다.
저는 카우보이모자를 쓰고,
웨스턴 셔츠를 입고,
6연발 권총 두 개를 각각 넣은
권총집을 청바지 양쪽에 찼죠.
그리고 하이힐을 신고 있습니다.
제가 남성적인 문화와 여성적인 문화를
골고루 체험하며 자란 흔적입니다.

저희 부모님은 당신들의 믿음을
그대로 전수해 주려고 애쓰지 않았어요.
저희 형제 스스로 진리를
발견하도록 키우셨습니다.
저는 가끔 사람들에게 자신의 믿음에 대해 물어봅니다.
그러면 이런 대답이 나올 때가 있어요.
"음, 그게 맞는 것 같아요.
 제 어머니가 그렇게 말씀하셨거든요."

"제가 다니던 교회는 그렇게 믿습니다."
그러면 저는 이렇게 대답합니다.
**"아니오. 그걸로는 충분치 않아요. 그러한 믿음으로는
흔들리지 않고 살기 어렵거든요. 믿음은 스스로 선택하는
과정이 있어야 해요."**

제가 이렇게 말할 수 있는 것은
제가 내 것의 믿음이 아닌
그저 부모님의 굳건한 믿음을
물려받은 것이었다면
지금처럼 단단한 중심을 갖진 못했을 것이기 때문입니다.
왜냐하면 저는 한때 신앙의 길에서
벗어난 적이 있었거든요.
그렇지만 그때 부모님이 가장 잘하셨던 것은
저를 그대로 놔두신 겁니다.
저의 선택을 기다리셨어요.

저는 농구를 좋아했어요.
농구에 인생의 모든 것을 쏟아부었습니다.
농구가 제 삶의 전부가 되었지요.
그러다보니 신앙과는 점점 멀어지게 되었습니다.
저는 키가 189센티이기에, 농구 선수로서는 작고
특별히 몸이 탄탄한 것도 아닙니다.
하지만 저 자신 농구에 재능이 있다고 믿었지요.

그러기에 열심히 노력하고,
훌륭한 기술을 터득한다면
좋은 선수가 될 것이라 스스로 믿고 있었어요.
저는 자랑스러운 ACC(Atlantic Coast Conference,
대서양 해안 리그)에서 대학 농구의 절정을 맛보았습니다.
그리고 노스캐롤라이나 주 농구 팀에
들어가게 됐지요.
저는 그때 UNC에서의 경기와
카메론 실내 경기장에서 했던 듀크에서의 경기가
추억으로 남아있습니다. 환상적인 경험이었지요.
그러나 저의 농구 인생은 그쯤에서 마무리됩니다.
저는 그때 주님을 다시 만나게 되었어요.
저를 이끄시는 그 힘이 매우 강력했어요.
저는 하나님과 성경에 대한 공부를
정식으로 하고 싶어서
호주에 있는 바이블 칼리지(신학대학)에 들어갔습니다.
그런데 저는 거기서 브라이언 휴스턴이라는
놀라운 분을 만났습니다.
브라이언 휴스턴 목사님은
솔직하고 열정적이긴 하지만,
전혀 다듬어지지 않은 젊은 바이블 칼리지 학생인
제 안에 무언가가 있다고 보았습니다.
브라이언은 저를 도와주고, 이끌어 주고,
가르쳐 주었습니다.

브라이언 목사님은
힐송 교회 전 세계 네트워크의 리더이자,
오랜 기간 가장 영향력 있는 지역 교회를
섬겨 온 목회자입니다.
브라이언 목사님은 여러 가지
창의적인 도전을 많이 했습니다.
사람들에게 가 닿기 위한 일이라면
무엇이든 두려워하지 않고
새로운 모든 것을 열심히 시도하는
몇몇 용기 있는 리더 중 한 사람입니다.

제가 신학대학에 들어가겠다는 결심을 했을 때
저는 이렇게 기도했습니다.
"하나님, 당신이 요구하시는 것이라면 그게 무엇이든지 행하겠습니다. 그런데 목사가 되는 것만 빼고요."
그래서 저는 목사가 안 될 줄 알았습니다.
제가 원하지 않았으니까요.
제게는 애초에 설교를 통해
사람을 이끄는 능력은 없다고 생각했거든요.
그러한 능력이 없는 게 제 '기본값'이라고 생각했습니다.
(기본값 Default : 불이행, 컴퓨터에서 사용자가 아무것도 설정하지 않았을 때 기본적으로 설정되어 있는 값)

그러나 하나님은 우리 스스로 생각하는

능력이나 자질에 대해, 제 표현대로 하자면
'기본값'에 대해 인정하지 않으시는 것 같습니다.
대신 나약하고 자질 없는 사람들을
일깨워 필요한 곳에 데려다 사용하시는 게 맞습니다.
제 경우도 그렇지요.
하나님은 언제나 그렇게 해 오셨고,
앞으로도 그렇게 하실 것입니다.
하나님은 '완벽한' 사람을 찾고 계시지 않습니다.
'유용한' 사람을 찾고 계십니다.

그래서 당신은 지금
다른 사람들이
**당신에게서 기대하지 않았던 것을 가지고
첫걸음을 내딛을 수 있습니다.**
새로운 모든 것은 그렇게 시작됩니다.
새로운 꿈, 새로운 관점, 새로운 마음.
어쩌면 지금이 그때일 수 있습니다.

하나님이 나의 마음을 열 수 있도록
자리를 내어 드리세요

저는 제가 가진 크고 작은 환경을
최대한 활용하자는 주의입니다.
그런데 그것이 다른 사람의 시선에는
특이 취향으로 보여지기도 합니다.
이를테면 집에서 편안하게 앉아 있고 싶을 때
조명을 최소한 다섯 번은 조정합니다.
제 아내는 그러는 저에게 '이상한 행동이며,
강박증이 있어 보인다'고 말합니다.
저는 제가 전기 요금을 내고 있는 조명을
최대한 원하는 대로 사용하고 싶기 때문입니다.

저는 살아가면서 기본값으로 설정되어 있는 것은
결코 저의 것이 아니라고 생각합니다.
그래서 저는 모든 설정을
기본값 그대로 두지 않습니다.
**기본값이란 가장 기초적이고, 가장 평균적이며,
가장 두드러지지 않은 설정이기 때문입니다.**

인류의 기본 설정은 무엇입니까?

우리는 죽음, 대학살, 자기중심적 편견으로
가득 찬 역사를 가지고 있습니다.
관계의 기본값은 무엇입니까?
우리는 같은 방향이 아니라
반대 방향으로 설정되어 있습니다.
우리가 생각하는 방식, 우리가 사랑하는 방식,
우리가 다른 사람들을 대하는 방식 등
우리 스스로 삶의 기본값에서 벗어나기 위한
의도적인 노력이 없다면,
우리는 의미 있는 삶을 살지 못합니다.

우리는 이렇게 말하는 것을 좋아합니다.
"나는 원래 이렇게 태어났어요. 이게 저예요."
"저는 아일랜드 사람입니다. 저는 술을 마십니다. 음주는 제가 사는 이 나라의 국가적 취미죠."
"우리 가족 중 누구도 대학을 졸업한 사람이 없습니다. 우리는 그렇게 살아왔어요."
"저희 부모님은 이혼했습니다. 조부모님도 이혼하셨죠. 저는 이혼하고 싶지 않지만 솔직해질 필요가 있습니다. 우리 가정 내력이 그렇잖아요."
"저는 백인이에요. 그래서 점프가 잘 안 돼요."

당신이 지금 있는 그곳이
마음에 들지 않는다면,

당신을 그곳까지 이끈 환경이 있을 것입니다.
항상, 매번 그랬을 겁니다.
누구도 원친 않겠지만,
인생이 깨어진 관계로
가득 차 있는 경우가 있습니다.
당신의 영혼 어딘가에
그렇게 만든 배경이 있습니다.
그런데, 당신은 아직 그 배경에서
빠져나오지 못했죠.
생각 없이 한마디를 내뱉었는데
내면에서는 그 말이 거짓임을 알고 있었습니다.
그런데도 당신은 그 말이 자신을 이끌도록 내버려둡니다.

저희 집은 최근에 이사를 했습니다.
원래 살던 집에서 3킬로 정도밖에
떨어져 있지 않은 곳이지만,
아이가 커가면서
우리는 좀더 넓은 공간이 필요했습니다.
임대 기간이 끝난 것을 계기로
가까운 곳에서 원하는 집을 찾게 되어 정말 좋았습니다.
아이들이 전학을 가지 않아도 되니까요.
그런데 이사하고 나서 처음 2주 동안
재밌는 일이 일어났습니다.
무려 다섯 번쯤이나 있었던 일이에요.

집으로 가는 길에 생각 없이 운전하다가
차를 예전에 살던 집 방향으로 몰고 간 거예요.
아직 이사했다는 사실이 제 머릿속에
완전히 인식되지 못한 거죠.
아직 설정이 바뀌지 않고
기본값의 설정 상태에 있는 거예요.
늘 가던 그 길이 편하게 느껴집니다.
새로운 길로 방향을 다시 잡으려면
시간과 지혜가 필요합니다.
그래서 자꾸만 이전에 설정되었던 길,
기본값의 길로 가게 됩니다.

우리 교회에는 미국 전역의 여러 교도소를 비롯해
전 세계에 방송되는 TV 프로그램이 있습니다.
이 TV 프로그램은
제게 특히나 중요하고 또 특별합니다.
왜냐하면 이것은 어린 시절
저의 특별한 경험에서 비롯된 열정의 산물이기 때문입니다.

어린 시절 아버지의 봉사 활동에
따라 갔던 기억이 있습니다.
버지니아에 있는 감옥이었고,
아버지는 성경과 기타를 가지고 감옥 안으로 들어가서
설교와 찬양과 함께 예배를 드렸습니다.

일종의 원맨쇼를 통해 거기 있는 사람들이
하나님을 만날 수 있는 계기를 주는 것이지요.
하지만 제 기억이 구체적이지 않아
어머니 캐시 렌츠 여사에게 이 부분에 대해
자세히 물어보았습니다.
그때 저는 일곱 살이었고,
버지니아 비치에 있는 청소년 수용소에 간 거였습니다.
그리고 그때 저는 80세의 여성을 강간한
18세의 청소년과 단둘이 앉아서
이야기를 나누었다고 합니다.
그 일이 제게 중요한 것은
제가 나쁜 짓을 한 사람, 죄지은 사람과
아무 편견 없이 만났던 경험이었기 때문입니다.

감옥에서 방영되는
TV 쇼 이야기로 다시 돌아갑시다.
저는 매주 수감자들로부터 수십 장의 편지를 받습니다.
우리 교회가 만든 TV 쇼가
그들에게 얼마나 위로가 되는지
적어 보낸 이야기도 있고,
자기 영혼을 움켜쥔 우울증 때문에
기도해 달라는 분도 있습니다.
개중에는 오로지 연필 한 자루로
진짜 대단한 그림을 그려 보낸 이도 있습니다.

그래서 저는 매주 이 편지 읽는 시간을 기다립니다.
수많은 편지 중에 한 남자가 쓴
편지 한 통을 소개하고 싶습니다.

칼 목사님,
교회가 하시는 사역에 감사드립니다.
매주 TV 쇼 잘 보고 있습니다.
감옥에서 보내는 이 어려운 시기를 헤쳐 나가는 데
도움이 됩니다.
저는 17세에 살인죄로 종신형을 선고받았어요.
제 삶의 대부분은 사람들을 미워하고, 비난하면서,
또 제 식대로 살면서 즐겁게 지냈죠.
그래서 이곳에 오게 됐지만요.
며칠 전에 목사님 설교를 보았습니다.
특히 인종주의에 대해 이야기하시더군요.
인종주의라는 것이 얼마나 죄가 되고
상처가 되는 사고방식인지,
그리고 그 같은 사고방식은
하나님이 나의 마음을 열 수 있도록
자리를 내어 드려야만
변화될 수 있음을 말씀하셨죠.
교도소에는 두 가지 색상이 있죠. 검은색과 하얀색이요.

그런데 여기 있는 동안 사람들에 대한 증오,
특히 흑인들에 대한 증오가 더 커졌습니다.
그렇지만 TV 쇼를 통해
목사님 말씀을 듣고 스스로 성경을 읽기 시작했어요.
이제 저는 예전의 제가 아닙니다.
이렇게 말할 수 있어서 자랑스럽습니다.
사실, 이제 이 감옥에서 형제라고 부르는 흑인 친구가 많습니다.
물론 저는 아직 제가 생각하는 그곳에 있지는 않아요.
그러나 저는 당신이 자주 말하듯이
예전에 있었던 그곳에 있지는 않습니다.
저는 나아지고 있어요. 날마다요.

―――――

저는 편지를 읽으면서 감동을 받아 눈물이 났습니다.
그는 종신형을 받았기에
다시 바깥 세상으로 나오기 어렵습니다.
하지만 그는 계속 감옥 안에서 살고 있지만,
어제와는 다르게
새롭게 살기로 결심한 거죠.
그동안 내버려두었던
자신의 기본값에서
벗어나기로 한 겁니다.
당신의 삶을 한번 들여다보세요.

**그 가운데 당신이 아직 깨닫지 못한
기본 설정들이 있을 수 있습니다.**
'나는 원래 이래!'라고 말하지 마세요.
감옥에서 인생을 마쳐야 하는 사람도
자신의 기본값에서 벗어나려고 합니다.
하물며 자유로운 세상에서 살고 있는 당신이
무엇을 못하겠습니까?
당신은 자신의 기본값에서
충분히 벗어날 수 있습니다.
하나님이 나의 마음을 열 수 있도록
자리를 내어 드리세요.

HOLD · LIFE · ESSAY 05

모든 흉터에는
이야기가 담겨 있습니다

저는 목사입니다.
제가 가장 잘하는 일이 무엇일까요?
열심히 듣고, 열정적으로 기도하는 일입니다.
사람들을 올바르고 지혜롭게 인도하고
또 안내하기 위해선 우선 잘 들어야 합니다.
저는 이러한 과정에서 인간의 조건을 배웁니다.
사람들에게서 보이는 어떤 동일한 패턴이나,
공통된 성향이라고도 할 수 있습니다.
우리 모두는 서로 굉장히 다른 것 같아도
공통된 게 있기 때문입니다.

모든 사람들에게 보여지는
공통점을 소개할까 합니다.
모두가 자신에게 일어난 일이,
유일하게 자기에게만
일어났다고 생각하는 경향입니다.

나의 투쟁, 나의 고통, 나의 의존성.
이러한 이름 역시 자기 스스로 붙입니다.
또한 이것들을 처음 대하는 것처럼 인식합니다.
이러한 성향은 인간의 다른
자연적인 성향과 함께 잘 작동됩니다.
여기서 다른 성향이란,
고통에서 헤어나고 싶으면서도
고통을 껴안고 몸부림치고 있거나,
내게는 다른 사람들이 이해하지 못하는 것만
있다고 느낄 때
스스로를 고립시키는 것을 말합니다.
그것은 스스로를 독방에 감금하는 것과 같습니다.

이럴 때 우리가 그를 구출하기 위해선
그가 다른 누군가와 연결되어 있음을 느끼도록
가능한 방법을 모두 동원하여
다 털어놓게 하는 방법밖에는 없습니다.

고통 속에 있는 사람들은 말합니다.
"모든 일이 한꺼번에 벌어지고 있다."
하지만 저는 이런 사람들에게 다음과 같은 말을 전합니다.

"우리는 딱 내가 숨기고 있는 비밀만큼 아프다."
그래요. 아플 수밖에요.
당신이 마음속에서 놓지 못하고 붙잡고 있는 그것,
그 두려움에 의지하고 있다면,
당신의 아픔은 실제보다 두 배로 느껴질 것입니다.

그러나, 여기 위로가 되는 사실이 있습니다.
우리 인간은 각자가 생각하는 것만큼
그렇게 많이 다르지 않습니다.
특히 상처에 대해 그렇습니다.
상처받을 때, 상처를 다룰 때, 상처에 대응할 때
우리는 다르지 않습니다.
우리가 상처의 충격을 넘어
상처의 뿌리를 추적할 때
그 사실을 비로소 깨닫기 시작합니다.

예를 들면 이렇습니다.
'맞아, 성숙하지 못한 성적 관계가 여러 번 있었어.
내가 무슨 변태라서가 아니라,
관계의 진정한 가치를 알지 못했기 때문이야.
맞아, 정말 몰랐지. 이게 나의 진짜 문제야.'

이렇듯 이제 더 이상 변명하지 않고
근본적인 이유를 알게 되는 것입니다.
**무엇이든 근본적인 이유를 알게 되면
현실적인 문제들에 대한 답은
생각보다 쉽게 찾아집니다.**

그렇지만 우리가 살아가는 현실은
정반대입니다.
내 삶의 문제에 대한 근본 원인을
찾기보다는 외면하는 쪽으로
방향을 잡기 쉽습니다.
예를 들어 트위터나 인스타그램에 뭘 올립니까?
멋진 순간만을 올리죠.
나머지 상황은 다 숨기고요.
그러기에 SNS에 올리는 당신의 이미지는
실제의 당신과는 전혀 가깝지 않다고
보는 게 맞습니다.
예를 들어, SNS상에서 보는
그 사람의 이미지는 무엇이든 할 수 있는
매우 강하고 도전적인 사람 같아 보입니다.
그러나 실제로 만나서 대화를 해보면
전혀 그렇지 않습니다.
이미지와 실제의 차이가 클 때
그 사람의 내면은 매우 허약하다고 봐야 합니다.

내가 약한 사람이면 약하게 보이는 게 맞습니다.
의도적으로 강한 척을 한다는 것은
스스로 행복과 멀어지는 방식을 선택한 겁니다.

저 역시 그런 경험이 없었던 게 아닙니다.
저는 저의 부족함을 잘 알기 때문에
한동안 이런 기도를 계속했던 적이 있습니다.
"하나님, 저를 비범하게 만들어 주십시오.
저를 출중한 리더로 만들어 주십시오. 제가 특별한 사람이 되도록,
눈에 띄도록 도와주소서."
하나님은 저의 기도를 들어주지 않으시더군요.
그래서 저는 여전히 비범하지 않고, 출중한 리더가 아니며
특별하지도 않고 눈에 띄지 않으며
여전히 열정이 앞서고,
그래서 실수하는 사람으로 살아가게 하십니다.
그러나 저는 잘 알고 있습니다.
하나님께서 저의 이러한 기도에
응답하지 않으시리라는 것을 말입니다.

만약 하나님께서 실제로 저의 기도에 응답하셔서
저를 비범하고 특별한 존재로 만들어 주신다면,
제 존재가 사람들에게 무슨 필요가 있겠습니까?
열정이 앞서서 실수하는
저의 모습에서 사람들은

자신과 다르지 않다는 것을 보기에
제 주위에 모여들어
저와 관계 맺길 원하는 것임을 잘 알기 때문입니다.

저는 하나님이 우리의 강점이 아닌
약점을 사용하신다는 깨달음을 얻었습니다.
**그 후 저는 저의 고통, 저의 몸부림, 말 그대로
저의 최악을 사람들에게 보여 주는 것이
누군가 최선의 삶을 살기 위해
깊은 수렁에서 빠져나오는 데
큰 힘이 될 수 있다는 것을
깨닫게 된 것입니다.**
이 사실이 제게는 큰 격려가 되었습니다.
힘이 났습니다. 용기가 생겼습니다.
그래서 저는 두려움 없이
설교 마이크를 잡게 되었습니다.
그러니, 제게는 당당한 자부심이 있습니다.
사람들이 우리 교회에 대해 어떻게 말하든 상관없이
당신이 우리 교회에 대해 무엇을 들었든 상관없이
우리 교회는 하나님이 뜻하시는 대로 사용하신,
약점 많은 사람들이 이루어낸
우승 트로피들이 모여 있는
곳이기 때문입니다.
모든 사람들에게 희망을 주는 격언이 있습니다.

'모든 흉터에는 이야기가 담겨 있다.'
흉터가 보기 싫을 수 있습니다.
그렇게 할 수만 있다면,
애초에 흉터를 유발한 그 경험을 하지 않도록
피해야 한다고 생각할지도 모릅니다.
그러나 우리는 모두 한두 개의 흉터가 있습니다.
제게도 있습니다.
그러나 우리의 흉터는 그 자체로 모두
하나님의 도구가 될 수 있습니다.
당신이 겪었던 것과 똑같은 고통을 겪고 있는
누군가를 구해 줄 이야기가 당신에게 있다면,
주저 없이 소매를 걷어 올리고
당신의 흉터를 보여주십시오.
모든 흉터에는 이야기가 담겨 있기에
그 이야기는 지금 그 사람이
현재 상황을 헤쳐 나갈 때
꼭 필요한 것일 수 있습니다.

강한 척하지 않고 산다면
우리는 서로 연결될 수 있습니다

이름이 많이 알려진 프로 농구 선수 타이슨 챈들러는

제게 가장 친한 친구 중 하나입니다.
우리는 눈에 보이는 공통점은 별로 없습니다.
한 사람은 목사이고
한 사람은 스타 플레이어 출신에
성공한 사업가이기도 합니다.
챈들러는 사랑이 많은 사람입니다.
그래서 주변 사람들에게 주의를 기울이고,
그들을 돌본다는 것이 무엇을 의미하는지에 대해
여러 가지 방식으로 제게 영감을 줍니다.
하지만 우리 관계에서 가장 중요한 것은
서로 강한 척을 하지 않았다는 점입니다.
서로에게 약함을 보여줄 수 있었기에
진정으로 연결된
관계를 맺을 수 있었습니다.

어느 날 챈들러가 신앙에 대한 열정을
새롭게 하고 싶다면서
다시 세례를 받기 원했습니다.
그리고 그 의식을 제가 맡아주길 바랐습니다.
저는 칼라바사스에서의 그 하루를
결코 잊지 못합니다.
저 혼자 하기엔 좀 벅찬 일이라
저는 유다 스미스 목사를 부르기로 했습니다.
이름이 많이 알려진 유다 스미스 목사는

시애틀과 워싱턴 주에 위치한
'더 시티 처치'의 젊은 담임목사입니다.
저는 유다에게 이 특별한 의식을 잘 할 수 있도록
도와달라고 했습니다.
유다는 적극적이고 재치 있는 사람입니다.
어떤 상황이 주어지든
그는 주어진 상황을 더 낫게 만드는 탁월한 능력이 있지요.
무엇보다 유다는 훌륭한 설교자입니다.

저는 유다를 불러 놓고 말했습니다.
"당신과 나는 타이슨에게 세례를 줘야 합니다. 그런데 그 일은 매우 까다로울 거예요. 왜냐하면 타이슨의 키가 무려 215센티거든요. 그에게 세례를 주려면 여러 가지 아이디어를 동원해야 할 것 같아요!"
작은 수영장, 키가 엄청 큰 사람, 그리고 너무 깊은 물.
그것이 우리에게 주어진 상황이었어요.
결국, 예상했던 대로 모양이 좋지 않았습니다.
타이슨이 유다를 짓밟는 듯한 모양이 나왔으니까요.
잠깐이었지만 우리는 물속에서
유다를 잃어버린 줄 알 정도였어요.
제가 타이슨을 일으켜 세웠을 때
유다는 자기도 모르게
다시 세례를 받은 격이 됐습니다.
아무튼 215센티의 남자에게 세례를 주는 일은
쉽지 않았습니다.

'침례'라고 부르는,
몸 전체가 물에 들어가는 이러한 방식의 세례는
매우 격정적입니다.
하지만 저는 이 방식을 좋아합니다.
이러한 세례를 통해
하나님의 자비와 은혜와 능력은
우리 위에 티끌처럼 뿌려지는 것이 아님을 경험해 봅니다.
물이 당신의 전신을 덮듯이 은혜는 당신을 덮습니다.
당신의 모든 것을 덮습니다.
네, 당신의 모든 약점을 덮습니다.

타이슨이 세례를 받고 나서
그 달에 문신을 했습니다.
더 정확히 말하면 문신을 추가했지요.
그의 첫 번째 문신 중 하나는
'ONLY THE STRONG(오직 강함)'이라고
새겨진 피 묻은 단검 모양이었어요.
그 날, 타이슨은 바로 그 'STRONG(강함)'이라는 단어에
검은색 줄을 그었습니다.
그는 말했죠.
"나는 더 이상 이 말을 믿지 않아요.
그래서 저는 그것을 사람들에게 보여주고 싶어요.
사람들이 STRONG(강함)이라는 단어를 지웠다는 건
보게 하고 싶어요. 저는 사람들에게 우리는 약하다고

느낄 때만 진정으로 강해질 수 있다고
말해 주고 싶습니다. 우리가 가장 약할 때,
하나님은 우리의 삶에서 가장 많은 것을 하실 수 있습니다."

그는 그때 비로소
사도 바울의 말과 같은 생각을 하게 된 것입니다.
**"그러므로 내가 그리스도를 위하여 약한 것들과 능욕과
궁핍과 핍박과 곤란을 기뻐하노니 이는 내가 약할 그때에
곧 강함이니라"**(고린도후서 12:10).

다시 시작하고 싶다는
그 마음을
함께 나누었습니다

저스틴 비버와 저와의 관계는
다수의 언론에서 아주 많이 다뤘습니다.
또한, 저스틴 비버에 관련된 기사는
엄청나게 많습니다.
하지만 저는 저스틴과 가깝게 지내면서
그에 관한 기사에 거짓이 많다는 것을 알게 되었습니다.
사례를 하나 들어볼게요.
언젠가 우리 집에서 같이 저녁 식사를 하고,

제 아이들과 보드게임인 우노를 하며 놀고 있을 때였어요.
그런데 그때 전화가 걸려왔어요.
저스틴에 대한 나쁜 기사가 터졌다는 겁니다.
확인해 보니
'저스틴 비버가 그날 밤 무모한 파티를 열어 뉴욕의 클럽을 파괴하고 있다.'는 주제의 기사였어요.
문제는 그날 밤 저스틴은
뉴욕의 클럽에서 이상한 파티를 연 것이 아니라
우리 집에 와서 제가 마련한 음식을 모두 먹고
아이들 수준에 맞게 같이 놀아주고 있었다는 겁니다.

물론 저스틴은 그동안 많은 실수를 했습니다.
그것은 사실이며, 의심의 여지가 없습니다.
하지만 생각해 보십시오.
아마 당신이 한 실수들이
전 세계 언론에 의해 실시간으로 퍼져나간다면
당신도 견디기 쉽지 않을 겁니다.
그런 실수들을 토대로
'저스틴은 이런 사람이다'라고 말하고
다음 행동을 추측하게 되는 겁니다.

그러나 저스틴은 이제 예수님에 대한 사랑을
알게 되었습니다.
그 이후 날마다 나아지려고 노력합니다.

자신의 부족함을 잘 알게 되었기 때문입니다.
자신이 감정 기복이 심하다는 것을 알게 되었고,
그런 만큼 스스로에게 좀더 주의를
기울여야 함도 알게 되었습니다.
또한 그가 자신의 감정에 휘둘리지 않도록
주변에서 많이 도와줘야 한다는 것도
알게 되었습니다.

**그는 나날이 좋은 사람이 되려고 하기에
좀더 친절해졌습니다.**
사려 깊어졌으며
배려를 잘하게 되었습니다.
그런데 보십시오.
당신이 13세 정도에 세계적으로 유명인이 되어
음악, 명성, 돈, 좋은 사람, 나쁜 사람들이 뒤섞인
인생을 살게 된다면,
그리고 전 세계 수백만 명의 사람들에게
영향을 미치게 된다면, 어떨 거 같나요?
아무런 흔들림 없이, 아무런 실수도 없이
늘 똑바로 살아갈 자신이 있나요?

그와 어느 정도 시간을 보내며 어울려 보니,
왜 그 많은 스타들이 마약에 빠지고, 미쳐 가고,
그러다 더 나빠지고, 나중에는 아예

자신의 존재 자체가 영영 사라지기를 원하는지
알게 되었습니다.
그래서 저는 그런 싸움을 잘 이겨낸
저스틴이 자랑스럽습니다.
그의 변화와 함께
저 역시 많은 것을 배웠기 때문입니다.

제게 저스틴을 소개해 주고
그를 지원하고 도와달라는
요청을 한 것은
앞에서 언급한 유다 스미스 목사입니다.
그런데 저스틴과 관계를 맺어 오면서
제가 알게 된 것이 있습니다.
엄청난 돈과 명성을 가진 그도
다른 젊은이들과 똑같은 것을
원하고 있다는 것입니다.
사랑, 지지, 반응, 경청.
그리고 당신과 마찬가지로 그 역시
쉽게 상처 받습니다.

저스틴이 제 곁에 계속 머물러 있는 이유도
아마 다른 사람이 제 곁에 머무는 이유와
다르지 않을 겁니다.
제가 강한 척하는 사람이 아니기 때문일 겁니다.

**저의 부족함과 약점과 실수를
모두 보여주기 때문일 겁니다.**

1월의 어느 추운 밤 뉴욕.
유다 스미스 목사와 저스틴 비버와 저는
믿음과 선택, 그리고 하나님 뜻에 항복하는 삶에 대해
정말 깊고 진정한 대화를 나누었습니다.
그러다 저스틴이 느닷없이 말했습니다.
"세례를 받고 싶어요."
유다와 저는 둘 다 이렇게 말했습니다.
"아주 좋아. 좋은 선택이야. 우리 그렇게 하자.
그런데 7월이 좋을 것 같지, 그렇지?"
저스틴이 말했어요.
**"아뇨. 바로 지금 하고 싶다는 뜻이에요.
 오늘 밤에 모든 것을 새롭게 시작하고 싶어요."**

놀라웠지만
저와 유다 스미스 목사는
그의 결단을 존중해 주기로 했습니다.
왜냐하면 저스틴으로선
엄청난 도전을 결심한 것이기 때문입니다.
때는 뉴욕의 1월 새벽 2시.
세례 의식을 거행할 적절한 장소를
찾는 것도 문제겠지만,
찾았다 하더라도

저스틴과 함께 무엇인가를 한다면,
그의 일거수일투족을 쫓는 파파라치와
저스틴의 광팬들이 몰려올 수도 있습니다.
하지만 저스틴은 예상되는 그런 피곤한 상황에
아랑곳하지 않았고,
우리는 그의 도전을 위해 같이 나서게 되었습니다.
처음에는 수영장이 있는 호텔을 방문했는데,
이미 문을 닫았더군요.
다음은 아파트 단지에 있는 수영장을 가보기로 했습니다.

하지만 경비원이 휴대폰부터 꺼내더니
저스틴의 사진을 찍기 시작했습니다.
그리고 다른 직원들을 부르더군요.
"저기 좀 봐. 저스틴 비버야."
결국 그곳 역시 안 됐습니다.
새벽 3시쯤의 브루클린과 맨해튼 전역
그 어디에도 가능한 곳이 없었어요.
심지어 우리는 동쪽에 있는 강을
이용할 생각까지 했습니다.
하지만 세례의 의미는 '새로 태어나는 것' 입니다.
그런데 혹시 세례를 받고 나서
물살에 사고라도 나서
우리 모두 살아나오지 못한다면?
해서 그 생각은 빨리 접었습니다.

막막했습니다.
그런데 그때 타이슨 챈들러가 떠오른 겁니다.
타이슨에게 바로 전화를 걸었어요.
그는 그날 농구 경기를 한 터라 아마 피곤했을 겁니다.
미안한 마음이 들었지만, 어쩔 수 없었어요.
다행히도 타이슨이 전화를 받았습니다.
제가 저스틴의 결심에 대해 설명했죠.

"형제, 지금 저스틴 비버와 함께 있는데
그가 오늘 밤 세례를 받기 원하네요.
그런데 문제가 있어요. 장소가 없네요. 혹시 우리가 형제 집 수영장
에 들어갈 수 있을까요?"
그런데 타이슨은 뜻밖의 대답을 했습니다.
"아니요. 그 수영장은 잠겨 있어요.
아침까지 문을 열어 주지 않을 거예요. 하지만 제게 다른 아이디어
가 있어요. 제 욕조에서 하세요. 제 욕조는 보통의 욕조보다 엄청 크
지요. 특별히 주문 제작한 거예요. 여기서도 할 수 있을 겁니다. 그럼
요. 세 사람 전부 다 들어갈 수 있어요."
제가 말했습니다.
"정말요? 너무 늦은 시간인데 이렇게 갑자기
 귀찮은 부탁을 해서 미안해요."
타이슨이 말했어요.
**"아니에요. 저는 저스틴이 지금 가지고 있는 마음을
알고 있어요. 저도 그런 똑같은 마음이었던 적이 있었거든요.**

그 지점에 가 본 적이 있다는 뜻이에요.
그건 하나님이 주신 마음이거든요. 그래서 해야 해요."

우리는 그렇게 챈들러의 집으로 들어갔습니다.
챈들러와 그의 아내 킴이 저희를 맞아주었습니다.
"와 주셔서 기쁘네요. 모두들 환영합니다.
하지만 신발을 벗지 않으면, 못 들어오게 할 거예요.
저스틴도 마찬가지예요."
챈들러의 집은 신발을 벗게 되어 있었거든요.
자기 집에 처음 방문하는 유명한 스타라도
예외는 없다는 말이었지요.

안내를 받아 들어간 욕실은
아주 멋졌어요.
말 그대로 거인을 위해
특별히 만들어진 욕조가 있더군요.
세례 의식을 진행하기에 안성맞춤이었어요.
우리는 함께 기도했습니다.
우리는 잠시 조용한 가운데
우리 모두를 하나님께서
이곳으로 인도해 주신
큰 의미에 대해 묵상했습니다.
그리고 우리는 저스틴과 함께
뉴욕에 있는 거인 타이슨 챈들러의 욕조에서

새벽 4시경 세례 의식을 진행했습니다.

**우리 모두는, 그 시간과 그 장소에서
다시 시작하고 싶다는
그 마음을 함께 나누었습니다.
용서받기 위해서요.
조건 없이 사랑받기 위해서요.**
우리의 눈으로 판단하는 것이 아니라
은혜의 시선으로 바라보기 위해서요.
그리고 이러한 것들은 이 세상에 사는 동안
우리가 진정으로 필요로 하는 것들입니다.
우리는 우리의 인생이
새로운 절정과 성취를 향해 가는
비행기 발사대와 같은 순간들로 이어지길 원합니다.
이를 위해서는 우리가 맞닥뜨리고 있는
혼란스러운 것들에 대해
분명한 시각을 가지고 있는 사람들이
더 많이 필요합니다.

결국 우리 인생의 모든 목적은
내가 나아지는 만큼
다른 사람들도 더 나아지도록 하는 것이기 때문이에요.
그러니, 내가 져서 당신이 얻는다면
내가 져도 됩니다.
진짜 '윈-윈'은 이런 것이라고 생각합니다.

HOLD · LIFE · ESSAY 06

오늘 누군가에게서
'금'을 발견할 수 있습니다

'오늘 누군가에게서 금을 발견했나요?'
제 아내의 휴대폰 창에 떠 있는 말입니다.
목사인 아내는 교회를 섬기는 책임을
저와 함께 짊어지고 있습니다.
그래서 늘 많은 사람을 도와야 하고,
돌봐야 합니다.
또한, 저희는 아이가 셋입니다.
아내는 엄마로서
세 아이를 곡예하듯 돌보고 있습니다.

뉴욕이라는 복잡하고 시끄러운 도시에서
교회를 섬기는 우리 부부에게는
예상치 못했던 다양한 일들이 날아듭니다.
그런데 그에 대한 제 아내의 태도는 매우 당당합니다.
우리에게 그것은 매우 당연한 일이며
모두 해결할 수 있는 일이라고

스스로를 세뇌시키는 겁니다.
**자신의 상황을 받아들이는
능동적이고 적극적인 태도입니다.**

'오늘 누군가에게서 금을 발견했나요?'
이게 도대체 무슨 뜻이냐고요?
금광이 새로이 발견되면
수많은 사람들이
금을 캐려고 몰려듭니다.
그런데 우리 각자가
새로 발견된 금광이나 마찬가지라는 겁니다.
그러니 우리 각자는
모두 금을 지니고 있는 겁니다.
이 지점에서 다른 사람을 대하는
기존 패러다임이 완전히 뒤바뀌는 것입니다.
이러한 대인관계에서의 패러다임 전환은
우리에게 전적으로 필요한 일입니다.

내가 생존하고
내가 버티기 위한 목적이 아니라,
**누군가를 돕는 것을
하루하루 삶의 목적으로 삼는다고
가정해 봅시다.**
그게 이 시대가 요구하는 삶의 방식일까요?

아니요. 전혀 그렇지 않습니다.
이 시대는 우리에게
남을 도우며 사는 방식과
정반대의 지점에 서게 합니다.

무엇이든
더, 더 하라고 요구합니다.
더 육성하고, 더 갈고닦으라고 합니다.
더 많이 일하라고 말합니다.
하다못해 해시태그까지도
더 많이 만들어 내라고 합니다.

누구를 위해서?
물론 당신 자신을 위해서라고 하지요.
네, 때론 그렇게 할 필요도 있습니다.
하지만 문제는 '더, 더 해서'
가야 하는 목적지가 명확하지 않다는 겁니다.
"해냈어. 성공했어."
**당신이 최종적으로 이렇게 말하기 위해서
실제로 필요한 것은 얼마나 될까요?**
이에 대해 누가 명료하게 답할 수 있을까요?
그렇지 않다면 우리는
헐렁한 안전벨트를 다시 꽉 매야 할 겁니다.
우리는 지금 '성취라고는 없는 고속도로'를
달리고 있는 것이나 마찬가지니까요.
이 고속도로의 끝자락은
우리가 원하지 않는 좌절감입니다.

인생의 모든 순간이
내 것이어야 합니다

그런데 이렇듯 '성취라고는 없는 고속도로' 위를
보다 안전하게 달리기 위해선,
끝자락에 버티고 있는 좌절감에

우리는 헐렁한 안전벨트를 다시 꽉 매야 할 겁니다.
우리는 지금 '성취라고는 없는 고속도로'를
달리고 있는 것이나 마찬가지니까요.
이 고속도로의 끝자락은
우리가 원하지 않는 좌절감입니다.

이르지 않기 위해선,
지금보다 더 나은 운전법을 찾아야 합니다.
**그것은 자신의 인생에서 목적을 찾고자 하는
진정한 열정을 보이는 것입니다.**

그래서 저는 우리 인생의 진정한 출발점이
어디인지 알 수 있어야 한다고
힘주어 말합니다.
또한 우리는 나 자신이 도착할 목적지도
알아야 한다고 말합니다.
그래야 헛것을 쫓아다니지 않고,
인생 여정을 진짜로 즐길 수 있습니다.
**우선 나 자신은 나의 직업에 의해
정의되는 존재가 아님을 깨달아야 합니다.**
나의 가치, 나의 존재, 나의 유익함은
직업이 무엇이고, 어디에 고용되어 있는가와는
별개의 문제입니다.
이것을 깨닫지 못하고서는
우리가 이 생애에서 필연적으로 만나게 될 변화들을
제대로 소유할 수가 없습니다.

이러한 사실을 한시라도 빨리 깨닫게 된다면,
여전히 내 안에서 꿈틀거리고 있는
꿈과 열정에 의해

나 자신이 성공적으로,
그리고 매우 효율적으로 성장해 나갈 것입니다.
우리는 나 자신의 성장에 대해
누구의 허락을 받으려고 기다릴 필요가 없습니다.
발언권을 얻기 위해
줄을 서서 대기할 필요도 없습니다.
우리는 그저 나 자신의 목소리를 지니기만 합니다.
그것부터 시작하면 됩니다.

다른 사람들이 "네 차례야."라고 말하기를
더 이상 기다리지 말아야 합니다.
내가 살아 있는 이 순간들 모두에 대해
스스로 이렇게 말해야 합니다.
"내 거야. 모든 순간들이 내 거야."

제가 막 목사가 되었을 때,
금과옥조 같은 조언을 들었습니다.
**"다른 사람들이 '당신은 이제 준비가 되었네요'라고
할 때까지 절대로 기다리지 마세요."**

사람들은 어린아이에게 말합니다.
"너는 너무 어려. 누군가 문을 열어 줄 때까지 기다리렴."
나이 든 사람에게는 이렇게 말합니다.
"당신은 너무 늙었어요. 아무도 택하지 않은 문이

열릴 때까지 기다려요."
그렇지만 나이 들어 우리는
자신의 살아온 날들을 돌아보며
스스로에게 묻습니다.
"나의 전성기는 언제였을까?"

저는 이러한 깨달음을 얻고 나서
저의 모든 인생길을 점유하기 시작했습니다.
'모든 인생길을 점유한다'는 것은 무슨 뜻일까요?
무엇을 하든, 지금 이 일이
나의 마지막 일이라 생각하는 것입니다.
그리고 그 순간을 전적으로 느끼는 것입니다.
그렇게 하면 지금 하고 있는 이 일에 대해
이보다 더 큰 희망을 품을 수 없습니다.
이렇게 살면, 멍하게 나중에 하고 싶은 것들을
상상하느라 현재 자신이 할 수 있는 것을
놓치지 않을 것입니다.
또한 이렇게 산다면,
흔들림을 겪을 일이 없습니다.
왜냐하면 나의 바로 앞에 있는 기회들이
나의 시간을 들일 가치가 있는 것인지
고민할 필요가 없기 때문입니다.

"나의 전성기는 언제였을까?"

저의 모든 인생길을 점유하기 시작했습니다.
'모든 인생길을 점유한다'는 것은 무슨 뜻일까요?
무엇을 하든, 지금 이 일이
나의 마지막 일이라 생각하는 것입니다.

이렇게 살면, 무슨 일이 일어나는지 아십니까?
당신은 아주 뛰어난 사람이 됩니다.
당신은 인생을 즐기게 됩니다.
당신은 무지막지하게 효율적인 사람,
엄청나게 훈련받은 사람이 될 것입니다.
이것들은 당신의 인생길 하나하나가
중요하게 다루어지기 때문에
자연스럽게 나타나는 결과일 뿐입니다.
작은 순간들 하나하나가 쌓여서
산을 이루어 가는 것입니다.
사람들은 그 산을 보고 묻습니다.
"언제 거기까지 간 거야?"
이 말에 답하기는 쉽지 않습니다.
다른 사람들이 하는 것을
나는 하지 못한다며 한탄하는 대신
그저 계속 일하고, 사랑하고, 손을 뻗고,
할 수 있는 일을 했을 따름이기 때문입니다.

마음속에서만
이루어지고 있는 일들이 있습니다.
별거 아니라고 생각하는
사소한 결정들이 있습니다.
하지만 이것들이 우리의 인생에
훨씬 더 많은 문들을 열어 주리라는 것을

알게 되었으면 합니다.
저 역시 이것을 깨달은 지
오래되지 않았습니다.

먼저 떠난 친구 윌이
'금'을 보내주었습니다

킴 심슨의 아들 윌은 저의 친구입니다.
윌은 우리가 고등학교를 졸업한 후
마약 관련 유죄 판결을 받고
몇 년 동안 감옥에 있었습니다.
하지만 자신의 삶을 바꾸기로 결심했죠.
어느 날 밤, 제가 버지니아 비치에서 설교하는데
넷째 줄인가에서 윌을 보게 되었습니다.
정장 차림에 넥타이까지 매고 있더라고요.
오랫동안 보지 못했지만,
저는 그의 얼굴을 금방 알아볼 수 있었습니다.

윌은 제게 말했어요.
"칼, 나는 매주 여기 올 거야.
감옥에서 나와서 재활 치료를 마쳤어.
그리고 몇 달 동안 술에 취해 본 적이 없어.

여기 와서 예배드릴 때마다 바로 이 줄에 앉을 거야."
그리고 우리는 자주 어울렸어요.
윌로부터 감옥에서 사귄 친구들을 소개 받았어요.
그들은 중독에서 벗어나
새 삶을 갈구하는 사람들이었기에
제게 사람에 대한 희망과 열정을 갖게 했죠.
저는 기꺼이 윌의 후원사가 되었습니다.
그리고 윌의 전화번호를 단축 번호로 저장해 두었죠.
그가 새 인생을 살아가는 가운데
다시 위기가 온다면 도움을 주기 위해서요.
저는 이러한 역할을 진지하게
그리고 감사하게 받아들였습니다.
하지만 어느 날 밤,
받아야 할 전화 한 통을 놓치고 말았습니다.

그날은 제 인생에서 엄청나게 고된 하루였어요.
결국 전화기를 끈 채 잠을 청했죠.
윌이 전화할지도 모르는데요.
저는 잠에서 깨
윌 어머니에게서 걸려 온 전화를 받았습니다.
"병원에 와 줄래요? 윌 때문에요."
그날 밤, 버지니아 비치에서는
악마가 제조한 듯한 헤로인이 마을을 돌아다녔는데,
열 명 넘게 죽었습니다.
분명 같은 곳에서 구한
헤로인을 마시고 그렇게 된 겁니다.
그중 한 명이 제 친구 윌이었습니다.
제가 윌이 있다는 병원에 갔을 때,
그는 생명 유지 장치를 사용하고 있었습니다.
어머니 킴은 의사들에게
윌의 정확한 상태를 전해 들었고
이미 마음의 준비가 되어있다고 했습니다.
그러면서 윌과 작별 인사를 할 때
제가 기도해 주기를 부탁했습니다.
저는 윌의 얼굴에 손을 갖다 대고,
하나님께 윌의 인생에 대해
감사하다고 기도드렸어요.
이 순간을 잊을 수가 없습니다.
그리고는 윌의 어머니를 안아 드렸습니다.

그렇게 작별 인사를 마치고나자
그때부터 저는 멍해졌습니다.
정신 나간 사람처럼 되었어요.
어떻게 해야 할지 몰라
주차장에 가서 제 차 주변을
이리저리 헤매고 다녔어요.
그러다 주저앉아서 생각했습니다.
'월의 전화를 기다리기 전에
 내가 먼저 월에게 전화를 했어야 했어.'

사람들은 저를 위로합니다.
"그건 애초부터 당신이 어쩔 수 있는 게 아니었어."
맞는 말입니다. 하지만 맞지 않는 말입니다.

월이 떠나고 나서
제 자신을 용서하기까지
정말 오랜 시간이 걸렸습니다.
단지 월의 부재를 극복하기 위해서가 아니라,
제가 그에게 최선을 다했는가의
문제였기 때문입니다.

나중에도 지금 서 있는 이 자리에
또 있게 될지 알 수 없습니다.
그러니 우리에게 주어지는 것은 항상 같습니다.

**지금 내가 할 수 있는 일을
선택해야 하는 것이죠.**
도움이 필요한 친구에 대해
그저 생각만 하고 있지 맙시다.
도움이 필요한 그 친구에게 먼저 전화합시다.
사랑하는 사람들이 잘 되기를
'마음속으로만 비는 것'이 아니라,
실제로 전화해서 그 바람과 기원을 전해야 합니다.
모든 것을 다 하는 것은 불가능합니다.
하지만 조금이라도 하는 것은 가능합니다.
조금씩 더해 가면 될 뿐입니다.

그로부터 5년이 흘렀습니다.
휴대폰을 검색하여 K로 시작하는 이름을 가진 사람에게
문자를 보내는 순간,
킴 심슨이라는 이름이 기억났습니다.
그러자 이유가 무엇이든
제 눈에 눈물이 맺히더군요.
저는 잠시 윌을 추억하는 시간을 가졌습니다.
그리고 윌의 어머니 킴 심슨에게
'사랑합니다'라는 문자를 보내야겠다고 생각했습니다.

그러나 모든 일상적인 핑계와 변명이
처음의 그 생각과 느낌을

'마음속으로만 비는 것'이 아니라,
실제로 전화해서 그 바람과 기원을 전해야 합니다.

흐릿하게 만들기 시작했습니다.
'그녀는 지금 바쁠 거야.'
'문자 보낸 지가 너무 오래됐잖아.
지금 보내면 이상할 거야.'
'지난 5년 동안 만난 적이 없는데
이제 와서 문자를 보내면 너무 뜬금없지 않나?
그냥 그녀를 위해 기도하는 게 낫지 않을까?'

**순간을 소유하지 못하고,
인생길을 점유하지 못하게 하는
뻔한 핑계와 변명입니다.**
따지고 보면 이러한 변명에
큰 의미가 있는 것도 아닙니다.
그저 오래된 습관일 뿐입니다.
저는 이렇게 생각하는 순간
변명과 핑계의 습관에서 벗어날 수 있었습니다.
그래서 킴에게 문자를 보낼 수 있었습니다.

'킴, 당신을 사랑합니다. 오늘 당신 생각이 났어요.
윌이 그립습니다. 살면서 윌을 알았던 것에,
그리고 여전히 당신을 알고 있는 것에 감사합니다.
오늘 최고의 날 되세요. 칼.'

몇 분 안에 그녀는 다음과 같은 답장을 보내 왔습니다.

'칼! 이게 얼마나 큰 의미로 다가오는지 넌 모를 거야.
오늘이 윌 생일이잖니. 윌이 떠난 지 꽤 오래됐지.
윌 친구들 중에 윌의 생일을 기억하고 있는 친구가
있을까 잘 모르겠어. 윌이 모두에게 잊혀졌다는 생각에
가슴 아팠는데…. 오늘 보내 준 네 문자는
네가 생각하는 것보다
내게 훨씬 더 큰 의미로 다가오는구나.'

저는 그날이 윌의 생일인지 몰랐습니다.
하지만 그날부터
저는 달라질 수밖에 없었습니다.
이제는 내가 할 수 있는 것이라면
작은 것들도 놓치지 않기로 했습니다.
행동으로 옮기지 못하게 하는 어떤 변명도 핑계도
대지 않기로 했습니다.
먼저 떠난 친구 윌이
'금'을 제게 보내주었습니다.

PART 2
OWN THE MOMENT

우리 인생은
계속 공사 중인 건물

CARL LENTZ

HOLD · LIFE · ESSAY 07

두려움 없이
새로운 시작은 없습니다

이 세상에서 두려움은
그 자체로 큰 사업 밑천입니다.
두려움에 근거해서
상품을 판매할 수도 있고,
두려움을 내세워서
선거에서 승리할 수도 있습니다.
어쨌든 두려움을 슬로건 삼아
갖가지 동기 부여를 할 수 있습니다.

텔레비전을 켜면
지금껏 알지 못했던 것을 볼 때가 있습니다.
며칠 전에 극적인 음악이 깔린 TV 프로그램을 봤는데요.
〈부엌에서 사람들이 죽을 수도 있는 10가지 경우〉라는
제목이었어요.
그 프로그램에서 배운 것은 천장에 달린 선풍기가
안전하지 않다는 거였어요.

사실 평소에는 천장 선풍기에 대해
걱정해 본 적이 전혀 없었거든요.
그 프로그램에서 정말 대단한 것을 알게 된 거죠.
**저는 인생에는 진짜로 두려워해야 할 것들이
충분히 존재하고 있다고 말합니다.**
그러니 나중에 일어날 일에 대해
지레 겁먹을 필요는 없다는 겁니다.
천장에 달린 선풍기를 바라보며
'저게 안전하지 않다던데!' 하면서
지레 걱정할 필요가 없다는 것과 같은 의미입니다.

두려움은 누구에게나 있는 것이기에
두려움을 다루는 당신만의 방법이 궁금합니다.
두려움에는 내가 알고 있는 것에 대한 두려움과,
내가 알고 있지 않은 것에 대한 두려움이 있습니다.

제가 무슨 인기 연예인도 아니고
'사생팬'이 있을 만한 위치가 아닙니다.
그런데 어떤 사람이 저를 지속적으로 도청하고 있다는 것을
알게 되었습니다.
이유가 어찌 됐든 공포스러운 일입니다.
사람들은 말합니다.
'*공포는 진짜가 아니다.
거짓된 증거가 공포라는 현실을 만들어 냈을 뿐이다.*'

두려움에는 내가 알고 있는 것에 대한 두려움과,
내가 알고 있지 않은 것에 대한 두려움이 있습니다.

정말 그럴듯하게 들립니다.
하지만 이런 말은 명백한 거짓입니다.
때로 우리에게는 두려움에 대한
타당한 이유가 있습니다.
단지 인식의 문제가 아니라는 뜻입니다.
우리는 단지 상어의 위험성에 대한 상상으로
상어가 있는 곳에서 수영하는 걸
두려워하는 게 아닙니다.
상어는 사람을 잡아먹기 때문에,
상어와 함께 수영하는 걸 두려워하는 겁니다.
네, 상어는 진짜 사람을 잡아먹습니다.
그에 대해선 〈상어의 주(Shark Week)〉라는 TV 프로그램에서
생생히 보여주고 있습니다.

기회의 문 위에는
두려움의 네온사인이 있어요

저는 당신에게
두려움은 진짜가 아니라고 말하지 않습니다.
저는 두려움이 우리 삶의 일부라고 믿기 때문입니다.
그러니 우리는 두려움의 존재를 인정하고,
그에 대처하는 방법을

배워 나가는 쪽을 택해야 합니다.

그렇지 않으면 우리는
그 어떤 새로운 시작도 할 수 없기 때문입니다.
지금까지 제가 걸어온 인생길을 돌아보면,
모든 '기회의 문' 위에는
'두려움'이라고 쓰인 커다란 네온사인이
깜빡거리고 있었습니다.

저는 농구 인생을 살려고 했었습니다.
제가 들어간 노스캐롤라이나 주립대학교
농구 팀은 좋았습니다.
요즘 활약하는 유명한 농구 감독들이
그 당시 제가 있던 팀의 코칭스태프였죠.
저의 수석 코치는 허브 센텍이었는데,
그는 굉장히 훌륭한 코치였습니다.
그의 수석 조수는 션 밀러였죠.
네, 맞습니다. 요즘 유명한 그 션 밀러 감독입니다.
감독은 마크 펠프스였는데, 존경스런 분입니다.
저는 마크 감독에게 여전히
감사한 마음을 갖고 있습니다.

마크는 제가 대학 농구를 하도록 도와주기 위해
자신의 역할보다 훨씬 더 많은 것을 해 주었거든요.

아마도 그 무렵 마크 감독은 제 롤모델이었을 겁니다.

저는 제 농구 인생에 확신을 가졌습니다.
'앞으로 4년 동안은 선수로 뛰고,
그다음 코치가 되어야겠어.
돈은 당연히 많이 벌게 될 거야.
그리고 선수들에게 늘 내 역할 이상을 해 줘야지.
마크 감독처럼 말이야.'
그런 생각으로 미래를 설계하며 지냈어요.
그런데 그해 7월 더운 여름날,
고향 버지니아 비치에 갔다가
제 인생은 급반전을 하게 되었습니다.

제가 버지니아에 간 이유 중 첫 번째가
부모님을 뵙는 것이었기에
저는 우선 부모님이 계시는 교회로 갔습니다.
스티브 켈리 목사님이 설교를 하고 계셨어요.
저는 그날의 스티브 켈리 목사님이나
교회의 전후 사정에 대해 전혀 알지 못했습니다.
그냥 예배 중인 교회에 들어갔을 뿐입니다.
예배가 끝나면 부모님을 만나려고요.
그런데 목사님은 이런 말씀을 하셨습니다.
"여기 변화가 필요한 사람이 있습니다.
그는 기독교는 알지만, 예수님이 누구인지는
결코 알지 못합니다.

그리고 그는 모든 것을 내려놓는 것을
두려워합니다. 자기 자신을 포기하지 못하는 것이죠.
하지만 저는 그에게 이 말을 전하고 싶네요.
예수님이 이 세상 전부의 주님이 아니라면,
예수님은 결코 주님이 아니라는 것입니다."

이상했습니다.
결코 저를 지칭하며 하는 말씀은 아니었지만
저는 그날 그 말씀이 하나님이
제게 하는 말씀으로
들렸습니다.
도망쳤던 저를 다시 오라고
부르시는 것이라 느껴진 겁니다.

하지만 기쁨보다는 두려움이 먼저 왔어요.
저는 손을 들고 목사님께
같이 기도해 달라고 부탁했습니다.
저는 두려움에 사로잡혀 있었죠.
'만약 이것이 사실이 아니라 나의 환상이라면?'
'주님을 따라가는 삶이 내가 사랑하는 모든 것을 포기해야 하는
삶이라면?'
'만약 이것이 남은 평생 동안 재미없는 기독교 음악만 들어야 하고,
주름이 많은 카키색 바지를 입고, 머리를 단정하게 하고 살아야 하
는 것을 의미한다면?'

이것들은 진짜 두려움이었습니다.

그러나 예수님을 따르기로 선택했다고 해서
그것이 두려움의 끝을 의미하지는 않습니다.
사실, 그것은 거의 더 많은 두려움이
내 편에 오는 것을 환영하는 것과 같습니다.

그러나 성경에는
그 두려움이라는 것이
우리를 붙잡아 헤어 나오기 힘들게 하여도,
스스로 진을 빼지 않는다면
오히려 우리 삶에 있어
어떻게 환상적인 연료가 될 수 있는지에 대해
그 맥락을 이해할 수 있게 하는
말씀이 곳곳에 존재합니다.

**그렇듯 그날의 두려움은
제 인생의 연료가 되었고,
큰 화력이 되어
저의 결단을 이끌어냈습니다.**
저는 하나님과 예수님에 관한 공부를
정식으로 하고 싶었기에
호주의 시드니로 가겠다는
겁 없는 결정을 내렸습니다.

그러니, 두려움은 말 그대로
저의 출발점이 되었습니다.
저는 모든 예측 가능한 궤도에서
벗어나고 있었습니다.
저는 한 번도 시도해 보지 않았던
삶을 계획하기 위해
새로운 곳으로 향하고 있었습니다.

두려움을 다루는
방식을 바꿔보세요

두려움이 모두 사라질 수는 없습니다.
하지만 두려움을 다루는 우리의 방식은
항상 바뀔 수 있습니다.
저는 지금 두려움은 실재하는 것이라고
말하고 있습니다.
하지만, 두려움 뒤에는
좋은 것들이 있음을 말하고 있습니다.

그러나 매우 다행스럽게도
두려움은 단계적으로 다가옵니다.
그러니 우리가 두려움을
이겨 낼 수 있는 유일한 방법은,
극히 조금이라 하더라도
앞으로 전진하는 것뿐입니다.

저는 나를 향한 두려움을 향해
부딪치고 또 부딪치고자
작지만 끊임없는 발걸음을 내딛습니다.
그리고 그 순간들을 생생하게 기억합니다.

젊은이들로 가득 찼던 어느 모임에서
있는 힘껏 설교했던 기억이 나네요.
청중은 150명 정도 됐었습니다.
저는 당시 목회자로서의 자신감이
자라나고 있었지만,
젊은이들에게 설교하는 것은
다른 어느 그룹에게 하는 것보다
더 어렵게 느껴졌습니다.
젊은이들은 자신의 마음에 들지 않으면
집중을 해주지 않으니까요.
청중 가운데는 오기 싫은데
마지못해 온 사람도 있어 보였습니다.
젊은이들은 아무 말 하지 않고도
표정만으로 앞에서 말하는 사람의
자신감을 떨어뜨릴 수 있죠.
표정으로 그들은 모두 표현하거든요.
'지루해요. 저는 당신이 별로거든요.
도대체 언제 끝나죠? 기다리기 정말 힘드네요.'
이렇게 표정으로 모두 말해버리니까요.

설교를 마친 후에 우연히 그곳에 계셨던
한 어르신이 말씀하시더라고요.
"잘 들었네. 하지만 카펫을 새로 바꿔야겠어.
자네가 하도 왔다 갔다 해서 구멍이 난 것 같아."

나중에 그 설교를 녹화한 영상을 봤는데,
제가 모든 두려움을 제 발에 쏟아붓고 있었나봅니다.
보기에 산만할 정도로 왔다갔다 했었는데
제 자신은 의식하지 못한 거죠.

하지만 그날, 저는 한 걸음 나아간 겁니다.
모든 경기의 첫 라운드에서
상대에 대한 두려움이 사라지는 건 아닙니다.
하지만, 12라운드쯤 가면
온갖 의심을 이겨 내고 승리를 거둡니다.
핵심은, 계속해서 싸우는 겁니다.
흔들리더라도, 멈추지 않는 것입니다.

상처를 너무 많이 받아서
누군가를 믿게 되는 게 두려운 사람에게는
데이트란 겁나고 부담스러운 일입니다.
그래서 무조건 거절부터 하고 봅니다.
그러나 거절을 하고 나면
마음이 편한 것은 아닙니다.
아쉬움이 남으니까요.
그럴 땐 가만히 앉아서
차분하게 생각해 보는 거예요.
'세상에는 아직도 좋은 사람들이 많아.
나는 그들을 만나게 될 거야.'

그럼, 당신은 한 걸음 나아간 겁니다.

그렇게 차근차근 나아가면,
우리는 인생에서 승리할 수 있습니다.
하나님은 사람을 통해서
이 일을 하십니다.
내가 스스로 하지 않아도
좋은 친구를 보내셔서
나로 하여금 하게 하시죠.
혹시 수영장에서 물에 손만 살짝 담근 채
물이 너무 찬 건 아닌지
온도만 계속 확인하는 사람을 본 적이 있나요?
물에 들어가진 않고요.
그러고 있는데 그의 친구가 와서
물로 밀어 넣는 것을 본 적이 있나요?
저는 본 적이 있거든요.
왜냐하면 이와 같은 일이
필요할 때가 있습니다.
지금 내가 용기를 내지 못할 때
나를 밀어 움직일 수 있게 하는
존재가 필요하지요.

당신이 지금 어느 단계에 있는지
저는 알지 못합니다.

**하지만 확실한 건,
지금 그 일이 일어나야 한다는 겁니다.**

농구 인생을 그만두기로 했을 때
저와 두려움과의 관계가 어땠냐면요.
저항, 부인, 회피. 딱 이랬습니다.
호주에 공부하러 가는데 필요한
돈을 모으려고 LA에 갔는데,
거기서 두려움에 대한
큰 깨달음을 얻게 되기 전까지
저는 그 세 가지에 사로잡혀 있었습니다.

매일 조금씩 맞서는 것이
최선의 방식입니다

저는 LA의 로데오 거리에 있는 구찌 매장에서
일하게 되었습니다.
정문 앞에 서 있다가 문을 열어 주는 남자였죠.
정말 그랬다니까요. 그게 제 일이었습니다.

하지만 그 일 역시
새로운 두려움을 만나게 해 주었습니다.

그것도 자주요.
내성적인 성격에 농구에만 집중하며 살았던 저는
여전히 새로운 사람들을 알게 되는 것이
두려웠습니다.
그리고 저의 새로운 믿음을
다른 사람과 함께 나눈다는 것은
더 두려웠어요.

한번은 기도 중에
하나님께 이렇게 말씀드렸던 기억이 납니다.
'하나님이 하라고 하시는 거라면 뭐든 하겠습니다.
하지만 정말 목사가 되지는 않을 거예요.
저는 많이 알지 못하고, 또 저는 너무 내성적이잖아요.'
지금 와서 이런 이야기를 하면
'당신이 내성적이라니요?' 하면서
사람들은 제 말을 믿지 않지요.
하지만 진짜랍니다.
네, 저는 많이 변했습니다.

'호주에 갈 돈을 어떻게 구하지?'
'도어맨을 하면서 돈을 번다 치면,
2034년에나 갈 수 있을 텐데.'
'내가 낯선 사람 아무에게나
내가 믿는 바를 말할 용기조차 낼 수 없다면.

기독교인으로서 어떻게 열매를 맺을 수 있단 말인가?'

저는 아버지께 전화를 걸어서
이러한 고민들을 함께 나누었습니다.
아버지가 말씀하시더군요.
"얘야, 매일 조금씩만 변화하렴. 첫 날은 돈을 아끼려무나.
내일은 커피 한 잔을 덜 마시는 거야.
그다음 날에는 누군가에게 인사할 방법을 찾아보렴.
네가 아는 걸 이야기해 주는 것에 대해 걱정하지 말아라.
**대화를 시작하기만 해도 두려움과의 싸움에서
우선 승리하는 거란다."**

**그래서 저는 '매일 조금씩 변화하기'를
제 목표로 삼았습니다.**
그다음 날 저의 큰 임무는
'낯선 사람 아무에게나 다가가 당신은 귀한 존재이고,
하나님이 당신을 사용하실 거라는 말을 해주는 것'이었습니다.
이게 무슨 세상이 깜짝 놀랄 만한 일은 아니지만,
저한테는 무척이나 대단한 일이었습니다.
그때의 저는 모르는 사람에게
다가가 인사하는 것도 꺼릴 만큼
내성적인 성격이었으니까요.

한 남자가 모퉁이를 돌아

구찌 매장으로 오고 있었습니다.
60세 정도 돼 보였어요.
그가 매장 안으로 들어왔을 때 생각했죠.
'바로 이 사람이야.'
'그가 나갈 때 내가 준비한 말을 해 주어야겠다.'
30분 후 그가 나갈 때, 저는 문을 열어 주었습니다.
우리는 도어맨이니, 그저 문을 잘 열어줄 뿐,
방문 고객에게 절대로 말을 걸지 말라는
근무 수칙에 대한 엄격한 지시를 받았습니다.
도어맨이 하는 일은 고객이 매장으로 들어올 때
문을 열어주고,
문을 닫아주는 일입니다.
그거 말고는 아무것도 해서는 안 됩니다.
그렇지만 저는 그 엄격한 근무 수칙을 깼습니다.
고객에게 말을 걸었으니까요.
"좋은 하루 되세요.
당신은 놀라운 사람이고, 하나님은 당신을
훌륭한 일들을 하는 데 사용하실 거예요."
이미 그 말은 제 입을 떠난 뒤였습니다.
그는 저를 보며 말했어요.
"저한테 뭐라고 하셨죠?"
저는 말했어요.
"선생님, 죄송합니다. 저는 당신이 대단하다고 말했고, 하나님이 당신을 훌륭한 일들을 하는 데 사용하실 거라고 했어요."

그는 이렇게 말했어요.
"당신은 저를 알지도 못하잖아요! 왜 제게 말을 거는 거죠!"
저는 그에게 사과했습니다.
문득 정신을 차린 저는 이제 큰일났다 싶어
'하나님! 제가 지금 사고를 쳤나봐요.
저를 지구상에서 잠시 다른 우주 공간으로
이동시켜 주시면 감사하겠습니다!'
라고 기도했습니다.

그 고객은 서둘러 매장을 떠났습니다.
그 일이 있고 나서
저는 마음 불편한 시간을 보냈습니다.
내 안에 있던 온갖 두려움이 복잡하게
얽히고설킨 시간이었어요.
하나의 실패가 전부의 실패를 의미하는 것과 같은
좌절감이 들었어요.
하지만 이 점을 기억하세요.
실패는 각각입니다. 서로 연결되는 게 아니지요.
누군가가 당신에게 "나쁜 일은 꼭 셋씩 생긴다."
하고 말하거든,
주눅들지 말고 당당하게
"두 번만 더 말하세요."라고 말하십시오.

놀랍게도, 그 남자는 한 시간 후에

똑같은 모퉁이를 돌아서
제가 있는 쪽으로 오고 있었습니다.
그는 저를 향해 거의 일직선으로 걸어오고 있었죠.
저는 생각했습니다.
일종의 과대망상이었죠.
'그가 나를 죽이러 오는구나.
구찌 매장 문 앞에서 부자에게 죽임을 당하는구나.
나는 정말 한 번도 구찌 제품을 사 본 적도 없는데.'

내가 과대망상에 빠져 있는 동안
그가 내 앞으로 와서 멈춰 섰습니다.
그리고 전혀 예상치 않던 말을 했어요.
"아까 한 말, 다시 한번 말씀해 주세요."
고객이 정중히 원했기 때문에
저는 아까 했던 말을 다시 했습니다.
그러자 그가 말했어요.
"그러니까, 당신은 사람들에게 좋은 말을 하는,
그냥 문을 지키는 사람인가요?"
저는 답했어요.
"글쎄요, 그렇게 말씀하시니 그런 것 같네요."
그가 말하더군요.
**"그런 말을 할 수 있다는 자신감을 얻게 해 주는 것이
무엇이라고 생각하십니까?"**
그런데 그때,

저는 저의 두려움에 대해 잊고 있었습니다.
저는 제가 모르는 것에 대해 잊어버리고,
제가 아는 것에 대해서만 이야기했습니다.
그래서 저에게 일어난 일을 알려 주었죠.
제가 지금 믿는 예수님에 대해 이야기했어요.
교회나 혹은 종교적 교리가 아니라
예수님이 어떻게 사람을 변화시키시는지에
대해서만 이야기했습니다.
그리고 다음과 같은 말을 했어요.
"하나님은 완벽한 사람을 찾지 않으십니다.
완벽한 사람은 없습니다. 하나님은 사용할 수 있는 사람을
찾고 계십니다. 그리고 우리는 그중의 하나입니다."
도대체 제 입에선 그때 왜 그런 말이 나온 걸까요?
그러자 그가 말했어요.
"오늘 퇴근할 때 제 사무실에 들러 주세요.
당신과 얘기하고 싶네요."
그가 내민 명함에 적힌 주소와 건물의 층 수를 보았을 때,
저는 그가 그 건물의 최고 경영자이거나,
아니면 저를 그 높은 건물의 옥상에서 밀어내려고
오라고 한 것이다 싶었어요.
내키지 않았지만 마지못해 갔죠.

그 사무실은 베르사체 회사 사무실처럼 보였습니다.
저는 화장실에 있는 비누에 다이아몬드가

"하나님은 완벽한 사람을 찾지 않으십니다.
완벽한 사람은 없습니다. 하나님은 사용할 수 있는 사람을
찾고 계십니다. 그리고 우리는 그중의 하나입니다."

박혀 있는 게 아닐까 상상했어요.
저는 그의 엄청 긴 책상 앞에 앉아 있었습니다.
그가 저를 보고 말했습니다.
"당신이 한 말을 제가 믿을는지 모르겠습니다.
저는 좋은 사람이 아니에요. 하지만 당신이 한 말이
제 마음에 남아 있습니다. 여기 2,500달러 수표가 있습니다.
여행에 도움이 됐으면 좋겠네요."
저는 이상하게 당황하지 않았어요.
너무 당연한 듯 그 수표를 받고
그와 악수를 나누면서
놀랍게도 이렇게 말했답니다.
"고마워요. 다음번엔 시내에서 만나요.
 좋은 만남이었습니다."
그리고 그가 마음을 바꿀지도 몰라
도망치듯 그곳에서 나왔습니다.
이 남자는 저에 대해 전혀 모릅니다.
그러기에 제가 앞으로 모아야 하는 돈의 목표가
호주로 갈 수 있는 2천 달러라는 것도
알지 못하는 게 당연합니다.

내가 가진 두려움에 대해
'매일 조금씩 맞서자!' 라는 목표가
제게 가져다준
기적 같은 행운의 경험은

제 인생의 다음 코스로 나아갈 때
늘 동기부여가 되었습니다.
**이렇듯 두려움에 맞서보겠다는
작은 도전이 모퉁이를 돌아서
뜻밖의 축복으로 쏟아질 수 있습니다.**

저 역시 아직도 두려움이 있습니다.
앞으로 있을지 모르는 것에 대한 두려움도 있고,
현재 존재하는 것에 대한 두려움도 있습니다.
하지만 제 인생에 절대로 머무르지 못하게 할
한 가지 두려움이 있다면
그것은 '도전의 두려움'입니다.
**어떠한 상황에서도
'도전'만큼은
두려워하고 싶지 않습니다.**

여기, 분명한 사실이 있습니다.
우리는 생각보다 잘할 수 있고,
두려움은 언제나 유효기간이 있다는 것입니다.

HOLD · LIFE · ESSAY 08

우리는 모두
준비되어 있지 않은
사람들입니다

"저는 그거 할 준비가 아직 안 됐어요."
당신은 이런 말을 얼마나 많이 해봤나요.
또 이런 말을 얼마나 많이 들어봤나요.

감당하기에 벅차다 싶은 일이 눈앞에 있거나
불안함이 가득한 일들에 대해
우리의 이런 반응은 매우 자연스러운 것입니다.

또한 이것은 우리가 그러한 일들에 대해
손을 떼기 위한 매우 흔한 변명이기도 합니다.

하지만 어느 날부터 저는 변했습니다.
'나는 늘 준비가 되어있다'고 생각하기로 한 것입니다.
'준비에 대한 근거 없는 믿음'이 생긴 것입니다.

좀더 정확히 표현하자면,
내가 아무리 준비가 안 되었다고 우겨댄들,
**내가 일을 시작해야 할 바로 그 상황,
그 돌파구, 그 순간은 온다는 것입니다.**
또한, 내게 주어지는 순간은
어떻게든 받아들여야 한다는
믿음이 생겼기 때문입니다.

그러나 무엇보다 아이러니한 것은,
아무리 많은 계획을 세우고
많은 공부를 하더라도,
인생의 매 순간은
**'내가 무엇을 알고 있는가'보다는
'나라는 사람이 어떠한가'에
먼저 좌우된다는 점입니다.**

즉, 나의 지식과 경험보다
나의 정체성이 훨씬 더
중요하게 작용한다는 것이죠.

네, 물론 내가 준비가 되어있을 때
그 일이 내게 주어진다면 뿌듯하겠지요.
하지만 우리는 그렇게 완전하지 않아요.
우리 가운데 그 누구도

PART 2 우리 인생은 계속 공사 중인 건물

부르심을 받은 일을 수행하는 데
필요한 모든 것을
소유하고 있지 않습니다.
모두 준비해 놓고
부르심을 기다리고 있는 경우는
거의 없다고 봐야 합니다.
언제나 모든 부르심은
우리 능력 밖에서 이루어집니다.
그냥 지금 내가 가지고 있는 것만으로
가능하기 때문에
그러한 상황이 주어지는 것입니다.
그러기에 우리는 어떻게든
다 할 수 있습니다.

데이트는 최소한
사계절은 해봐야 합니다

이번에는 남녀 간의 연애 관계에 대해 말해 볼게요.
'난 아직 진지한 관계를 맺을 준비가 안 돼 있어.
그러니까 데이트는 하지만 연애는 아닌 거야.
우리의 관계가 최선이 아닐지라도,
또 진지하지 않아도 괜찮아.

내가 아직 그럴 준비가 안 돼 있어서 그런 거니까.'
이러한 생각으로 만남을 가지는 경우를 봤지만
그런 경우 정말 진지하지 않은 관계에서 끝나고 말더라고요.
그런데 그것은 '관계 맺기'의 좋은 사례라
할 수 없습니다.

저도 그렇고 아내 로라 목사도 그렇고
인간 관계를 연구하는 전문가는 아닙니다.
하지만 우리 두 사람 모두 목회자로서
사람들이 올바른 관계를 맺도록
도와야 하고,
또 도울 수밖에 없는 상황이 주어집니다.
그러니 어쩔 수 없이
'관계 전문가'가 되어 버렸습니다.
남녀가 만나 시간이 좀 지나면,
몇몇은 싸우거나 헤어지고
몇몇은 그 싸움에서 이기다가 또 집니다.
커플이 데이트하다가 약혼을 하고,
결혼식이 가까워져서
"우리는 이제 서로에 대해 좀 알게 됐어요.
이제 때가 됐네요."라고
말하면 웃음이 나옵니다.
'그 사이 정말 많은 일들이 있었겠구나!'
싶어지는 거죠.

"자주 만나는 것보다 1회 데이트 시간을
최대한 길게 잡을 것.
그리고 상대를 자주 바꿀 생각을 하지 말고
한 사람과 최소한 사계절은 데이트를 해볼 것."

저는 매우 진보적인 목사로 통하지만,
데이트 하는 젊은이들에게
결혼하기 전까지 성관계를 갖지 않는 게
좋겠다는 조언을 합니다.
저는 이 뉴욕의 한복판에서
율법주의자처럼
'혼전 성관계'에 반대하는 조언을 하고 있습니다.
남녀 모두 '혼전 순결'을 지켜야 한다고 말합니다.
그래서 서로에 대한 '혼전 순결 서약'은
선택이 아니라 필수라고 말합니다.
사람들을, 특히 남성 청년들을
어리둥절하게 만드는
기가 막히는 조언이죠!

그런데 저는 왜 이런 조언을 하는 걸까요?
성관계는 '성' 따로, '관계' 따로가 아닙니다.
인간 관계라는 측면에서 접근해야 합니다.
남녀에게 성관계는 매우 중요합니다.
성관계는 서로의 관계가
적절히 유지되도록 하는 데
놀라운 역할을 합니다.
하지만 성관계에는 숨겨진 요소들이 있습니다.
단지 '사랑하기 때문에 성관계를 갖는다'라는 생각이라면
사람에 대해 너무 모르는 발상입니다.

많은 사람들이
성관계를 자기가 결핍을 느끼고 있다는 사실을
감추는 데 이용합니다.
남성이든 여성이든 연애 관계에 있는 사람은
서로 상대가 원하는 것을
해 주지 못하는 게 있을까
불안한 마음을 가지고 있습니다.

대부분의 남성은 혼전 성관계를 옹호합니다.
성관계가 서로를 강력하게
연결시켜 준다고 생각하기 때문입니다.
여성 중에는 혼전 성관계에 대해
반대하는 생각을 하기도 합니다.
하지만 행동은 그렇지 않습니다.
여성은 종종 나는 그다지 원하지 않지만
상대방이 원하는 것을 해 주지 않으면
관계가 깨질까 불안하다는 이유로
혼전 성관계를 갖습니다.

그럼 문제는 무엇일까요.
우리는 성관계가 서로 해 줄 수 있는
최선의 것이 아니라는 것을 알아야 하고,
그에 대한 깊이 있는 이해가 필요합니다.

*결혼 전 성관계에 길들여지면
서로의 인간적 관계를 맺기 위한
수많은 단계를 건너뛰게 됩니다.*
그러니 진정한 친밀감을 만들 기회가 없어져
관계가 오작동할 우려가 아주 높습니다.
일전에 한 청년이 제게 다음과 같은 논리로
반론을 제기하더군요.
"목사님, 결혼 전에 육체적으로 서로 맞는지를
먼저 알아야 하지 않겠어요?
결혼 이후 부부의 침실에 스파크가 튀지 않는다면,
그 부부는 서로 접속이 잘 안 되는 관계니까요.
그런 문제는 사전에 방지해야겠지요."
제가 말했죠.
"당신은 잘못 알고 있네요. 성이 잘 맞는 관계란
육체적으로 잘 맞는 관계가 아니지요.
**성관계는 육체에서 출발하는 게 아니라
서로의 정서에서 출발해야 합니다.
육체는 목적이 아니라 도구이기 때문에요.**
그래야만 영혼의 교감을 거쳐
진정한 사랑의 관계로
이끌어지는 것입니다."
하지만 대부분의 남성 청년들은
제 말을 이해하지 못해요.
남성 청년들은

잘못된 관념 속에서
너무 오래 길들여져 왔거든요.
하지만 어쩌겠어요.
저도 예전에 뭘 모르던 시절에는
다르지 않았으니까요.
**남성 청년들은 여전히 와이파이가
터지지 않는 동굴에서
살고 있는 것 같아요.**

저는 데이트를 시작하는 사람들에게
이런 조언을 합니다.
"자주 만나는 것보다 1회 데이트 시간을
최대한 길게 잡을 것. 그리고 상대를 자주 바꿀 생각을
하지 말고 한 사람과 최소한 사계절은 데이트를 해볼 것."

뉴욕의 경우 1월과 7월이 크게 다릅니다.
다른 도시에 사는 사람이
7월에 뉴욕 맨해튼에 왔다고 상상해 보세요.
무더위에 슬리퍼를 신고 지하철을 타게 됩니다.
1월에 오면요?
엄청나게 매서운 바람이
브루클린 거리를 휩쓸며 아우성을 치고,
찬바람이 얼굴을 때립니다.
뉴욕의 1월은 슬리퍼를 신고 다닐 수도 없고

너무 추워서 기분을 망칠 수도 있습니다.
뉴욕의 환경도 1월과 7월이 이렇게 다른데
하물며 사람은요.
최소한 사계절은 겪어보아야 합니다.

당신이라는 건물은
지금 공사 중

저는 지금의 제 아내인 로라 목사와
결혼할 준비가
전혀 되어 있지 않은 청년이었습니다.
하지만 그녀를 놓치고 싶진 않았습니다.

호주에서 공부할 때였습니다.
졸업은 얼마 남지 않았고
힐송 글로벌 네트워크의 리더이신
브라이언 휴스턴 목사님과
또 다른 존경하는 목사님들의
인턴으로 일하고 있었습니다.
그리고 로라와 한창 데이트를 하고 있을 때였죠.

어느 날 브라이언 휴스턴 목사님과

사무실에서 같이 커피를 마시며
잠시 휴식을 하고 있었어요.
그런데 목사님이 제게 이렇게 묻는 겁니다.
"칼, 얼마나 오랫동안 사귄 다음에
 로라한테 청혼을 할 건가요?"
저는 무안함이 섞인 표정으로
그를 바라보며 말했습니다.
**"음, 아직은 이르네요.
 저는 아직 준비가 되어 있지 않거든요.
 그리고 지금 제 앞에는 너무 많은 일들이 있어서요!"**
그러자 그가 말했어요.
"준비요? 누가 준비해야 한다고 하던가요?
아, 하지만 당신이 한 말 중에 하나는 맞아요.
당신 앞에 지금 많은 일들이 있다는 것.
맞아요. 당신이라는 건물은 지금 공사 중이거든요.
그런데 죽을 때까지 당신은 공사 중일 겁니다."

브라이언 휴스턴 목사님은
매우 진지하고 단호하게 말했어요.
그리고 제게 다시 물었어요.
"로라를 사랑하나요?"
제가 말했어요.
"제 모든 마음을 다해서 사랑합니다."
그가 다시 물었어요.
"로라는 당신을 사랑하나요?"
제가 말했어요.
"제가 아는 바로는 그래요.
로라는 제 약점을 전혀 모르거든요."
그러자 브라이언 휴스턴 목사님은 이렇게 말했어요.
"아니, 틀렸어요. 로라는 다 알고 있어요.
로라가 당신에 대해 이야기한 적이 있거든요.
하지만 당신의 약점에도 불구하고
당신을 사랑하기로 했다고 말하더군요.
하지만 지금 머뭇거리면 로라를 놓칠 수 있어요.
로라는 당신의 용기를 원하고 있는 것 같았으니까요.
그러니, 귀한 시간을 낭비하지 않으면 좋겠네요."

그때 저는 제 발에 불이 붙은 것처럼
사무실을 박차고 나갔습니다.
제가 그리 영민한 사람은 아니지만
브라이언 목사님이

아주 쉽게 설명을 해주었기 때문에
저는 그 말을 빨리 알아들을 수 있었습니다.
머뭇거리다 혹시라도
로라를 놓치면 안 되니까요.

저는 호주에 가기 전
연애에 대한 흑역사가 있었습니다.
그때 저는 성적으로 매우 무모했습니다.
저 역시 많은 젊은이들이 생각하듯
'성' 따로 '관계' 따로라는 생각이었죠.
그러한 흑역사는
제 마음속에 흉터를 남기게 되었어요.
저는 저 자신을
변화시키고 있는 중이었기 때문에
제가 만족스러울 만큼
멋있게 변하면 그때
로라에게 청혼할 생각이었습니다.
돌이켜보면 유치한 생각일 수 있지만
그땐 그랬습니다.

그러나 제 상처가 마법처럼
단순하게 치유되지 않는다는 것을
인정하게 되었습니다.
그리고 제 감정에 대해

정직해지는 것이
저 자신을 치유하는
가장 빠른 길이라는
것도 알게 되었습니다.

그때의 저는 미래를
알 수 없는 청년이었습니다.
호주에서 공부가 끝나고 나면
저는 어느 길로 가야 할지에 대해서도
아직 정하지 못하고 있었습니다.
어디든 교회에서 일하고 싶다는 소망만 있었지요.

하지만 그때 저는
단지 얼마의 돈이라도 모으기 위해
여러 가지 일을 열심히 하고 있었습니다.
로라의 아버지에게
보여 드릴 뭔가가 있어야 했으니까요.
그리고 저 스스로도 제가 '준비된 남자'라는
자신감을 갖고 싶었으니까요.
하지만 모아놓은 돈이 있다고
당당하게 내세울 만큼
많은 돈을 모을 수는 없었습니다.

그러는 동안 저는 로라에게

내 아내가 되어 줄 수 있는지
물어볼 기회를 계속 놓치고 있었어요.
하지만 브라이언 목사님의
정확한 조언이 아니었다면
처음부터 제게 과분했던 그녀를
아내로 맞이할 수 없었을지 모릅니다.

많은 남자들이 그렇겠지만
로라의 아버지인 케빈 브렛에게
딸과 결혼하게 해 달라고
말씀드렸던 순간을
저는 평생 잊지 못할 겁니다.
저는 로라의 아버지에게
이렇게 말씀드렸습니다.
"아버님, 저는 가진 게 별로 없습니다.
앞날이 어찌 될지도 잘 모릅니다.
하지만 이것만큼은 알고 있습니다.
제가 죽는 그날까지 따님을 사랑할 거라는 것이요.
이것만큼은 절대 변하지 않을 겁니다."
로라의 아버지가 말씀하셨어요.
"이보게, 나도 결혼할 때
자네같이 말할 수밖에 없었다네.
그 정도면 충분해.
앞으로 자네 인생은 잘 풀릴 걸세."

우리는 모두 준비되어
있지 않은 사람들입니다.
그러나 간혹 우리 눈에
이미 준비가 다 된 것처럼
보이는 사람들이 있습니다.
그 사람이 그렇게 보이는 이유는
준비되지 않은 현 상태를
평안하게 받아들이고 있기 때문입니다.

HOLD · LIFE · ESSAY 09

쓰레기 봉지 안에 있던
그 사람의 눈을 생각합니다

뉴욕에 와서 저와 함께 힐송 교회를 섬기고 있는
뮤지션 조엘 휴스턴이 있습니다.
그는 기독교 음악 분야에서
세계적으로 잘 알려진 작곡가입니다.
힐송 유나이티드라는 전 세계에
잘 알려진 워십 밴드가 있는데
그 멤버이기도 합니다.
조엘 휴스턴은
브라이언 휴스턴 목사님의 아들이기도 하지만
호주에서 처음 알게 된 이후
지금까지 우정이 이어지고 있는
제 절친입니다.
그는 수많은 사람들에게 영향을 미친
워십 음악의 새로운 길을
열어 온 개척자입니다.

몇 해 전, 조엘과 제가 시드니에서 열린
힐송 컨퍼런스에 참석했을 때 일입니다.
힐송 컨퍼런스는 일 년에 한 번
그 해 개최지의
가장 큰 경기장 같은 곳에서 열리는데,
매번 세계의 크리스천들이
대거 모여드는 어마어마한 행사입니다.

컨퍼런스가 끝난 뒤
우리는 차를 가지고 킹 크로스로 갔습니다.
요즘은 시드니의 유흥가 킹 크로스가
재개발을 해서 분위기가 많이 달라졌다고 합니다만
그때만 해도 마약과 매춘으로 악명 높았습니다.
그러니 밤늦게 있을 곳이 못되었죠.
하지만 우리 둘 다 배가 고파서
피자라도 먹기 위해 그리로 갔던 겁니다.
길모퉁이에 매우 허름한 피자 식당이 있었어요.
사람들이 줄을 서 있는 것을 보니
맛이 괜찮은 곳인가 싶었지만
왠지 들어가고 싶지는 않았습니다.
하지만 인상적인 장면이 있었는데,
식당 문간 계단에
안개가 끼어 있는 듯 희미하게 깜빡이던
푸른 등과 그 불빛이었어요.

소름 끼치는 이상한 장면이었어요.
저는 생각했죠.
'우리가 잘못 찾아왔어!'

제가 그곳을 뜨려고 하자,
조엘이 말했습니다.
"무슨 소리 들리지 않아?"
저는 아무것도 들리지 않는다고 말했어요.
하지만 어느새 조엘은 작은 울타리를 넘어
입구에 들어서 있었어요.
저는 이런저런 생각을 하지 않고
그를 따라 갔어요.
진짜 친구 사이라면
그렇게 하는 게 맞잖아요.

땅바닥 위에는 이미 사용한 주사 바늘이
여기저기 널려 있었고,
길거리에서 일해 봤거나
도시의 노숙자들을 도와줘 본 사람이라면
누구나 즉시 알 만한 악취가 풍겼습니다.
그리고 깜빡깜빡하는 그 푸른 등 아래,
엄청나게 큰 쓰레기봉투가 있었습니다.
우리는 잠시 그 쓰레기봉투를 쳐다봤어요.
우리 둘 다 봉투가

약간 움직이는 걸 알아차렸습니다.
순간, 솔직히 저는 반대 방향으로
달려가고 싶었어요.
'이게 뭐지?' 싶어서 겁이 났거든요.
하지만, 앞장선 조엘이 머뭇거림도 없이
그쪽을 향해 직진하는 바람에
저도 말없이 따라가게 되었습니다.
우리는 쓰레기봉투를 열었어요.
그때 우리 눈에 들어온 것은
동물이 아니었습니다.
사람이었습니다.

그 사람이 눈을 떴어요.
그러더니 천천히 눈을 깜빡거렸습니다.
한동안 보지 못했던
푸른 등이 깜빡이는 것을
다시 보려는 것처럼요.
저는 숨이 턱 막혔습니다.
조엘과 저는 둘 다 눈물을 참으려고 애썼죠.
제가 이렇게 말했던 기억이 납니다.
"선생님, 괜찮으세요? 저희가 도와 드릴까요?"
저는 그의 애정 어리면서도
주저하는 듯한 미소를 절대 잊지 못할 겁니다.
그는 말했어요.
"물론이죠. 좋아요. 안녕하세요?"
그의 목소리는
마치 오랫동안 사용하지 않은 것 같았어요.
우리는 그를 우리의 차에 태웠습니다.
우리 둘 다 주변의 냄새나
주사 바늘에 대해서는 언급하지 않았어요.
저와 조엘 모두 그 남자가 왜 집이 없고,
정신이 혼미해졌으며,
쓰레기봉투 속에 들어가 있을 수밖에 없었는지,
그 배경에 대해 알지 못했습니다.
그리고 굳이 알아야 할 필요도 없습니다.
왜냐하면 그날 우리는

그의 이전 상황이 어떠했든지 간에,
그가 지금 쓰레기 봉투 안에서
발견되었든지 간에,
**그는 아직 희망이 있는 사람임을
분명히 보았기 때문입니다.**

첫 인상이 목사답지 않다고
가짜 목사로 의심받았습니다

제가 목사가 된 첫해의 일입니다.
예전에 잘못된 판단으로 죄를 지은
제 오래된 친구를 만나기 위해 교도소엘 갔습니다.
제가 목사 자격증을 받은 이후
가장 먼저 한 의미 있는 행동이었습니다.

대부분의 교도소에는
일반인들이 방문하는 시간대와
다른 시간에 성직자나 목사가 방문할 수 있는
시스템이 있습니다.
그래서 저는 그 시스템을 이용하기 위해
체크인 데스크로 갔습니다.
그런데 거기 있는 여성 직원이

제 말을 중간에 자르더니,
일주일 정기 방문 시간이 모두 끝났다고 하는 겁니다.
저는 제가 일반인 방문이 아니라
'목사'라는 자격으로 여기 왔음을 설명했죠.
그러나 그녀는 저를 바라보며 말했어요.
"당신이 왜 목사님이죠?
내 눈엔 일반인일 뿐, 전혀 목사님 같아 보이지 않는다고요.
정규 방문 시간에 다시 오세요."
저는 말했어요.
"저, 목사 맞아요.
여기 목사 자격증과 신분증이 있어요."
이어서 그녀가 말하더군요.
"그거 위조죠? 그까짓 거 작정만 하면 하룻밤이면
만들어 낼 수 있는 거 아닌가요? 당신 같은 사람은
여기에 올 필요가 없어요. 그냥 돌아가세요!"

저는 더 이상 대응할 수가 없어
일단 돌아가기로 했습니다.
다음 날, 크고 무거운 액자에 든 졸업장을
가지고 갈 생각이었습니다.

이튿날 저는 제가 할 수 있는 건 다 해보자는
생각으로 정말 졸업장을 들고 갔습니다.
어제 그 여성 직원이 그대로 있었습니다.

"당신, 또 온 거예요?"
저는 말했어요.
"스트레스가 많은 일을 하고 계시죠?
그래서 어제 실수하신 건지도 모른다는
생각이 들었습니다. 그래서 여기 학교 졸업장까지
가지고 왔어요. 저는 목회학 과정을 정식으로
이수한 목사입니다."
그녀는 저를 쳐다보더니 말했어요.
"이봐요, 제가 말해 줄 게 있네요.
저는 교회에 다닙니다.
저희 교회에도 당연히 목사님들이 계시고요. 그분들은
당신처럼 생기지 않았어요. 당신은 목사는커녕
크리스천처럼 보이지도 않아요. 사실 당신,
내 눈엔 처음부터 별로 좋은 사람 같아
보이질 않았다니까요!
만약 또다시 찾아오면 제가 조치를 취할 겁니다."
그 직원분의 태도가 너무나 강경해서
저는 그냥 나올 수밖에 없었습니다.
멍하고, 슬펐습니다.

어쩌면 저는 그분 말대로
목사처럼 보이지 않을 수도 있습니다.
그렇다면 앞으로 목사처럼 보이기 위해
저의 겉모습과 화법,

그 밖에 다른 무언가를
모두 바꿔야 할지도 모르겠다는
슬픈 생각이 들었습니다.
저는 목사로서 제가 하려고 했던
의미 있는 첫 행동이
저지 당하게 되면서
여러 가지 생각을 하게 되었습니다.
하지만 이렇게 물러날 순 없었어요.
저는 목사의 자격으로 꼭 그 교도소엘
들어가야겠다고 생각했습니다.
'그래, 우선 평범한 목사처럼 보여야 한다.
보여지는 게 무슨 의미가 있는지
이런 거 지금 따지지 말자.
내게 선택의 여지는 없다.'
저는 비장한 마음으로 목사들이 많이 입는
카키색 바지와 단추 달린 셔츠,
갈색 구두를 새로 장만했습니다.

옷차림을 바꾸는 동시에
저는 회심의 카드 한 장을 사용하기로 했지요.
특수 기동대에서 경찰로 일하고 있는
제 친구가 있었거든요.
그에게 도움을 요청했어요.
친구에게 전화를 걸어 제가 처한 상황을 설명했죠.

그랬더니 친구는 웃으면서
그 여성 직원을 비난할 수는 없냐고 했어요.
제가 그게 무슨 말이냐고 물었더니
자신도 제 옷차림을 보고는
이 친구가 진짜 목사가 된 게 맞는지
의심의 눈으로 살펴보았는데
다른 사람 눈에는 오죽하겠냐고 말하며 웃었어요.

다음 날 경찰 친구는
교도소 방문에 동행해 주었어요.
제가 진짜 목사가 맞다는 것을
보증해 주려고 같이 간 거죠.
경찰이 보증을 해주니 그 직원분은
그제야 저를 교도소 안으로 들여보내 주었답니다.

저는 면회실 유리를 사이에 두고
교도소 생활을 하고 있는
제 오랜 친구를 만났어요.
친구는 제게 이런 말을 했어요.
"친구야, 여기 사람들은 스스로를 쓰레기라고 생각해.
그러면서 서로를 쓰레기 취급하는 거지.
처음에는 나는 아니라고 생각했지만,
나 역시 점점 쓰레기가 되는 거 같아."
저는 말했어요.

"내 눈에 흙이 들어가기 전에는 그렇게 안 되지.
사람들이 너를 어떻게 대하는지는 중요하지 않아.
**그들이 너에게 무슨 꼬리표를 갖다 붙이든
그 역시 중요하지 않아.**
너 스스로 자신에게 꼬리표를 붙이지만 않는다면 말야.
네 인생은 아직 끝난 게 아냐.
너는 다시 회복될 수 있어."
그 후로, 친구는 자신을 변화시키기 위해
노력했고요. 저는 제 친구를
자랑스러워하게 되었습니다.

너무나 다행스럽게도
이 스토리는 해피 엔딩입니다.
제 친구는 곧 감옥에서 나오게 되었고요.
저를 가짜로 의심했던 그 여성 직원은
결국 우리 교회 신자가 되었습니다.
그것도 교회를 매우 좋아하는
열혈 신자가 되었답니다.

우리는 쓰레기를 단지 쓰레기로
보기를 거부해야 합니다.
**그 안에 변화를 원하고
구원의 손길을 갈망하는
생명이 있을 수 있습니다.**

우리는 누구에게라도 구원의 손길을
내밀 수 있어야 합니다.

우리는 누구에게라도 구원의 손길을
내밀 수 있어야 합니다.
희망 없어 보이는 사람도
구원의 손길을
만나야 할 권리가 있습니다.
저는 마약상을 범법자라고 혐오하지 않습니다.
대신 언젠가 교회에 올 사람들로
생각하고 있습니다.
희망 없어 보이는
마약 중독자들을 만날 때도
그들이 하나님을 만나고,
중독에서 벗어나
그동안 중독과 싸우느라
힘겨웠던 날들에 대해
기쁨으로 증거하게 되리라는 소망으로
그들을 봅니다.

어느 날이든,
희망 없어 보이는 사람들을 볼 때마다
저는 시드니 킹 크로스에서 만난
쓰레기봉투 안에 있던
그 사람의 눈을 다시 생각합니다.

HOLD · LIFE · ESSAY 10

인생의 방향에 대한
고민이 해결됩니다

인생의 방향을 정하는 것만큼
어려운 일은 없습니다.
그래서 우리는 내가 듣고 싶어 하는 것을
정확히 말해줄 누군가를 찾아 헤맵니다.
요즘엔 웹 사이트가 그 역할을 대신하지요.
그러나 너무 많은 정보 중에서
어떤 방향을 선택해야 할지
여전히 고민스럽습니다.
채식주의자가 되고 싶다면,
채식이 우리 몸에 왜 이로운지부터
정확히 알아야 하고
어디까지, 어떻게 채식을 할 것인가에 대해
방향을 정해야 합니다.
그렇듯 우리가 인생의 방향을 정할 때는
우선 정확한 정보가
필요한데 그 정보를 어디에서,

방향이 정해진 직업은
우리를 옭아매지 않습니다.

환경미화원이라는 직업을 갖고도
한평생을 멋지게 살아낼 수 있습니다

**누구로부터 얻을 것인가에 대해선
상당히 주의를 기울여야 합니다.**
그렇게 하지 않으면
훗날 지나온 인생을 되돌아봤을 때
젊은 날 피땀과 눈물로 고민하며
삶의 방향을 찾고,
열정을 쏟았음에도 불구하고
결국 허망함만 남을 수도 있기 때문입니다.
그리고 무엇보다 중요한 것은
인생의 모든 방향은
우리가 갖가지 욕망에 빠져 있을 때는
정확히 보이지 않는다는 것입니다.

**젊은 날에 예수님을 만났을 때
가장 이로운 점은
'인생의 방향'에 대한 고민이
해결된다는 것입니다.**
더 이상의 방황이 필요 없습니다.
저는 예수님을 따르게 되면서부터
인생의 목적에 대한 확신이 있으니
공중에 둥둥 떠다니던 것 같던
제 인생이 비로소 안정이 되었습니다.

제 인생의 목적은

'**예수님처럼 살고, 예수님처럼 말하고,
예수님처럼 사람들을 대하고,
예수님처럼 자비를 베풀고,
예수님처럼 사람들을 사랑하는 것**'입니다.
그 목적에 최대한 부합하게 살면 되니,
더 이상의 고민이 필요치 않습니다.

우리는 늘 먹고사는 문제가
먼저라고 생각합니다.
저도 그랬습니다.
직업이 먼저라고 생각했습니다.
그러나 목적이 먼저입니다.
**목적이 먼저 정해지면 그 안에서
우리는 할 수 있는 일을 찾게 됩니다.**
그렇게 방향이 정해진 직업은
우리를 옭아매지 않습니다.
환경미화원이라는 직업을 갖고도
한평생을 멋지게 살아낼 수 있습니다.
예수님처럼 살기에 적합한 직업이기 때문입니다.
이것이 예수님을 만난 사람들의
'구별된 가치관'입니다.

가야할 방향에 대한 정보를
어디서 얻는지도 중요합니다

최근에 제 친구 중 한 사람을 만났는데
신문에 나오는 별자리를 집중해서
보고 있었어요.
그는 열렬한 별자리 신봉자였거든요.
저는 '전능하신 하나님께 직접 말씀드리는 방법이 낫지
왜 별자리에 자신이 원하는 바를 투영시키는 걸까'
답답한 마음을 갖고 있지만
아무튼 그 친구는 별자리와 자신의 인생을
연관시키는 것을 매우 좋아합니다.
친구가 제게 말했어요.
"나는 전갈자리인데, 이번 달은
 정말로 변화를 만들기 위한 나의 달이 될 것 같아."
저는 그 친구에게 이렇게 말했죠.
"너는 그냥 하던 대로 열심히 일하는 게 좋겠어.
지금은 물병자리의 시대거든. 너의 그런 관점은,
굉장히 작은 창문으로 세상을 바라보는 것과 같아."
별자리를 신봉하는 친구에게는
제 말이 좀 얄밉게 느껴졌을까요?
그는 별자리 정보에서

삶의 방향을 얻는다는 것인데,
제가 보기에는 지혜롭지 못한 것 같았거든요.

정보가 필요하면 이렇게 해야 합니다.
나 자신과 나의 인생에 대해
그동안 모았던 정보들을 찬찬히,
오랫동안 살펴봅니다.
그 정보를 준 사람이 누구인가요?
그들은 당신을 위하는 사람인가요?
당신을 위해 최선인 그것을
그들도 원할까요?
때론 내가 걷고 싶은 길을
실제로 걷고 있는 사람들을
공개적으로 지지하는 일도
내 방향을 설정하는 데
꽤 도움이 됩니다.
그들은 내가 원하는 그 인생길에서
나타날 지뢰들을 이미 똑같이 만나면서
성공적으로 인생 운행을
해 나가고 있기 때문입니다.

우리 곁에는
내가 가 보지 않은 길을
먼저 가 본 사람이 필요합니다.

그런 사람을 만나기 위해
에너지를 쏟아야 합니다.
그런 사람에게 배울 수 있는 것은
지식이 아니라
지혜입니다.
지식이란 배우거나, 또는 경험을 통해 얻은
사실이나 정보를 말합니다.
지혜는 그 지식을 현실에 적용해보았을 때만
얻어지는 것입니다.
지식은 우리를 문까지 안내합니다.
하지만, 그 문을 열어젖히고
그곳을 지나가게 해 주는 것은
지혜입니다.

친절한 여성 뉴요커 덕분에
뉴욕 지하철에 적응하게 되었어요

제가 뉴욕으로 처음 이사왔을 때의 느낌은,
마치 이 도시 곳곳에 뜨거운 불이 있어서
그걸 피하면서 방향을 찾는 것 같았죠.
전통과 보수적인 가치를 중시하는
버지니아에서 자란 저는

예의와 운전 수칙,
이해가 잘되는 표지 같은 것들에
익숙해져 있었습니다.
그런데 뉴욕은 달랐어요.
처음 뉴욕에 왔을 때
정말 혼란스러웠어요.

저는 지하철 타는 것을 좋아합니다.
특히 해결해야 할 문제들이 있을 때
지하철을 타면 머리가 잘 정돈되곤 합니다.
그런데 때로 목적지까지 가려면
여러 호선을 갈아타야 합니다.
지금은 정말 잘하고 있지만
처음 뉴욕에 왔을 때는
지하철을 바꿔 탈 때마다
길을 잃고 도움을 요청했던 적이 꽤 있었어요.
그럴 때 대부분의 뉴요커는 쿨하게 응대합니다.
하지만 뉴요커들은
바쁜 것이 몸에 배어 있어
설명도 급하게 하더군요.
"L까지 1, F부터 Q까지 7호선을 타야 해요."
마치 옛날 힙합 노래처럼 설명합니다.
알아듣기 쉽지 않았습니다.
뉴욕에 온 지 얼마 안 되었을 때의 일이에요.

"음, 당신은 지금 쥐덫에 앉아 있는 격이죠."
그러고 보니 저는 뉴욕이라는 미로에 빠진
생쥐 신세였습니다.

무더웠던 어느 여름날,
저는 지하철에서 잘못 내렸습니다.
두 번이나요. 가던 길을 멈춰서
잠깐 앉았어요. 다시 생각해 봤죠.
그래도 잘 모르겠더군요.
그때 한 여성이 제게 다가와 말했습니다.
"저기, 길을 잃었나요? 괜찮으세요? 어디서 왔어요?"
저는 말했어요.
"아 네, 사실 길을 잃었어요. 저는 여기
 사람이 아니거든요. 딱 봐도 그래 보이죠?"
그녀는 말했어요.
"음, 당신은 지금 쥐덫에 앉아 있는 격이죠."
그러고 보니 저는 뉴욕이라는 미로에 빠진
생쥐 신세였습니다.
그 친절한 여성은 저의 손을 잡고
큰 지도가 있는 곳으로 데리고 가더군요.
그리고 찬찬히 제가 어디로 가야 하는지
손으로 정확하게 짚어 주었습니다.
금방 금방 타야 할 지하철이 바뀌니,
빨리 빨리 갈아타야 한다면서요.
어느 역에서 사람이 많이 타는지도
가르쳐 주었습니다.
마지막에 그녀는 저에게 포옹 인사까지
하고 갔어요.

그날 이후로 저는 더 이상
뉴욕의 지하철이 겁나지 않아요.
그 여성분에게서 뉴욕에서 몇 년은
살아봐야 알 수 있다는
지하철의 정확한 이용법을
전수받았기 때문이죠.
다른 도시에서 온 사람을 위해
천천히 설명할 수 있는 여유를 가진
보기 드문 뉴요커를 만난 덕분이죠.

손을 들어
도움을 요청하세요

지금까지 사는 동안
얼마나 많은 사람들이
자신이 가야 할 길을 멈추고
저를 위해 다가와 주고,
기도해 주고, 상담해 주었는지에 대해
떠올려 보았습니다.

아마 당신도 다르지 않을 겁니다.

지금까지 많은 사람들이
자신이 가야할 길을 멈추고
다가와 주고,
기도해 주고, 상담해 주었을 겁니다.

이혼할 위기에 처한 친구와
이야기를 나눈 적이 있는데요.
그의 말을 들어보니 그는 지금까지 살아오면서
아무에게도 도움을 청하지 않았던 겁니다.
저는 답답해서 이렇게 말했어요.
"자네에게 도움을 줄 만한 사람들의
이름을 나한테 가르쳐 줘.

내가 그들에게 전화해서 자네는 아무런 도움이
필요하지 않다고 말해 줄게.
차라리 그렇게라도 해야겠어!"
우리는 자신의 삶을 이와 같이
이끌어 가서는 안 됩니다.

**내 인생의 방향이
내가 원하지 않는 곳으로 향하고 있나요?**
뉴욕의 지하철에서처럼
도대체 어디서 환승을 해야 하는지 알 수가 없나요?
그럼, 손을 들어 도움을 요청하세요.
사람들은 가야할 길을 멈추고
다가와 줄 것입니다.
그들에게 지혜를 구할 수 있습니다.
하지만 당신은 들을 준비가
되어 있어야 합니다.
그동안 듣고 싶지는 않았던 그것들을
이제는 들어야 합니다.

PART 3
OWN THE MOMENT

당신에게 허락된
순간의 힘

CARL LENTZ

HOLD · LIFE · ESSAY 11

순간을 놓치지 않는 것은 일상의 도전입니다

사람들은 뭔가 기억할 만한 사건의 현장에
있었을 때 그것에 대해
이야기하길 좋아합니다.
살면서 그런 이야기 많이 들어봤을 겁니다.
당신 역시 그 같은 이야기를 해 봤을 겁니다.
그런데 그런 이야기를 듣고 있는 사람들은
실제로는 그 사건에 관심이 없는 경우가 많습니다.
말하는 사람만 관심이 있는 거죠.
그럼에도 불구하고
말하는 사람은 스스로 만족스러워합니다.
저 역시 마찬가지입니다.
'나도 거기 있었어.'라고 말할 수 있을 때
기분이 좋습니다.

많은 부모님들이 그러시겠지만
저희 어머니와 아버지는 제가 성장하면서

겪었던 일들에 대해
두 분이서 열정적으로 말씀하실 때가 있습니다.
"네가 학교에 처음 간 날이 생각나는구나!"
이런 식인데, 대부분 저는 기억이 흐릿합니다.
그래서 이렇게 호들갑을 떨기도 합니다.
"오, 기억나요! 그때 저 대단했을 거예요."

최근에 아내가 우리 딸들 중 한 명이
학교 댄스 발표회에 나가는데
시간이 화요일 아침 8시라고 알려줬어요.
아내 로라는 야행성인 제가
아침 행사가 있는 날이면
늦잠을 자서 그 행사가 절반 정도 진행됐을 때
참석하는 이른바 뒷북치는 버릇이 있다는 걸
잘 알고 있습니다.
그래서 아내는 미리 제게 경고 또는 협박을 했습니다.
댄스 발표회에 늦지 않도록 일찍 일어나서
미리 준비하라고요.
그렇지만 저는 그날도 늦잠을 잤고,
겨우 시간을 맞출 수 있었습니다.
너무 뛰어서 학교 강당에 도착했을 때는 비틀거리며
들어갈 정도였어요.
아침거리로 먹던 것을 입에서 계속 오물거리면서요.
제 모양이 말이 아니었어요.

그러니 그때 저는
그 행사장에 시간 맞춰 들어가야 한다는 생각뿐
다른 생각은 전혀 할 수가 없었어요.
나중에 주변을 둘러보니
일찍 도착한 아빠들은
촬영하기 좋은 위치를 잡아서
카메라로 주변 장면들부터
촬영을 하고 있더군요.
아이에게 추억이 될 만한 영상물을
만들어 주기 위해서일 테죠.

행사장에 잘 도착했다는 안도감으로
그저 멍하게 있던 저는
정신이 들자
페이스북 라이브라도
촬영해야겠다 싶어 시도를 하긴 했지만
촬영 위치가 좋지 않아
아이에게 추억이 될 만한 영상이
나오지 못했답니다.
야행성인 저는 문제의 아침잠을
해결하지 못해
그 '순간'이 주는 힘을 놓치고 말았답니다.

이렇듯 순간을 놓치지 않는다는 것은

**우리 일상에서도
늘 주어지는 도전입니다.**

그런 점에서
알렌의 이야기가 저의 가슴에 남아 있습니다.

저는 사람들로부터 매주
예배 좌석을 원하는
수십 통의 이메일을 받습니다.
콘서트처럼 진행되는
우리 예배에 참석하고 싶은데
좌석을 구할 수 있는지에 대해 묻는 겁니다.
다른 사람들 몰래 들어갈 수 있는지를
묻는 기이한 사람도 있습니다.
그런데, 어느 토요일 밤늦게
알렌에게서 예배 좌석을 묻는
전화가 왔습니다.

"칼 목사님, 내일 예배에 참석하고 싶은데
좌석 여덟 개를 예약해 둘 수 있을까요?"

이 자체로 멋진 요청이었습니다.
왜냐하면 그녀는 수차례 계속되는
암을 오랫동안 견뎌 내고 있었거든요.

"음, 그게 문제예요. 저는 병원 침대에만 있었어요.
처음에는 제가 이곳에만 있어야 한다는 것에 좌절했죠.
그런데 이곳에는 저보다 더 몸이 나빠진 사람들이
많이 있다는 것을 깨달았어요.
그래서 저 자신의 고통에 빠져들기보다
다른 사람의 기분을 좋게 해 주기 위해
노력하기로 했어요."

당시 알렌은 화학 요법을 받고 있었습니다.
그녀는 화학 요법의 후유증으로
머리숱이 매우 적었죠.
그렇지만 그 머리카락을
아름답게 보이기 위해
분홍색으로 염색했습니다.

저는 말했어요.
"알렌, 일주일 내내 치료받지 않았어요?
그동안 사람들과 이야기할 시간이 얼마나 있었나요?"
그녀는 말했어요.
"음, 그게 문제예요. 저는 병원 침대에만 있었어요.
처음에는 제가 이곳에만 있어야 한다는 것에 좌절했죠.
그런데 이곳에는 저보다 더 몸이 나빠진 사람들이
많이 있다는 것을 깨달았어요.
그래서 저 자신의 고통에 빠져들기보다
다른 사람의 기분을 좋게 해 주기 위해
노력하기로 했어요."

그녀는 그날 교회로 걸어왔습니다.
여덟 좌석을 채울 환자들과 함께요.
그녀 인생에 부흥이 일어난 거죠.
폭풍우 가운데서
희망을 전파하는 부흥 말입니다.

물론 그녀의 상황은 전혀 변하지 않았습니다.
그러나 분명
우리 눈에는 보이지 않는 뭔가가
그녀의 영혼으로 옮겨졌습니다.

네, 우리는 알렌처럼 생각하고
행동해야 합니다.
알렌과 같은 눈으로 본다면
지금 우리가 서 있는 이 순간을
최대화할 수 있는 기회가,
지금까지 알고 있었던 것보다
훨씬 더 많이
내 앞에 놓여 있음을
알 수 있을 겁니다.

HOLD · LIFE · ESSAY 12

못하는 것과
잘하는 것 그 사이에
진짜 내가 있습니다

저는 한때 프로 선수를
꿈꿨던 사람이라
그런지는 모르지만
승부욕이 강한 편입니다.
심지어는 가족끼리 하는 게임에서도
만약 제가 질 것 같으면
승부욕이 발동하여
분위기를 망치기도 합니다.

우리는 무엇이든 승리하기 위해
노력할 필요가 있습니다.
작은 승리의 경험이 쌓여
큰 자신감을 만들기 때문입니다.
그래서 우리는 승리를 추구해야 합니다.

하지만 저는 모든 것에
승리하려고 하는 태도에는 반대합니다.
뭐든지 최고가 되어야 한다는 생각이
그 무엇에 대해서도
최고가 되지 못하게 합니다.
**왜냐하면 우리의 등 뒤에는
언제나 비교가 숨어 있거든요.
비교하게 되면
사람은 방어적이 됩니다.**
그러면서 훨씬 더 열심히 노력합니다.
하지만 그 노력은 대부분
진정한 승리로 나아가지 못합니다.
스스로를 소모시키는 노력이기 때문이죠.

**특정 분야의 최일선에 있는 리더들은
다음과 같은 공통점이 있습니다.
그들은 자기 자신을 압니다.**
그들은 자기가 잘하는 것이 무엇인지 압니다.
그들은 자기가 뭘 못하는지 정말 잘 알고 있습니다.
자기가 잘 못하는 특정 분야에 대해서는
주변에 전문가를 많이 둡니다.
그러면 어떻게 될까요?
모두가 더 나아지고, 같이 성장합니다.

저는 자기가 잘하지 못하는 것에 대해
평생을 의식하고 걱정해 온 사람들을
상담해 보았습니다.
그들은 안타깝게도 자기가 뭘 잘하는지,
뭘 하기 위해 태어났는지를 알아보는 능력을
잃어버렸습니다.
그것은 인생을 좌절로 이끄는
매우 무서운 함정입니다.
저는 그 같은 사람들에게
계속 이렇게 말해 줍니다.
"무엇을 사랑하십니까?
무엇에 열정을 가지고 있습니까?
무엇을 알고 있고, 무엇을 믿고 있습니까?
바로 그것들을 추구하십시오.
그러면 성장하게 되어 있습니다.
성취하게 되어 있습니다."

무슨 일을 하든
언제나 자기 자신을 증명해 보이려고 하는
사람들이 있습니다.
그렇게 했을 때,
유일한 패배자는 나 자신입니다.
때로는 뒤에서 묵묵히 일해도 괜찮습니다.
다른 사람이 더 크게

리더들은 자기 자신을 압니다.
그들은 자기가 잘하는 것이 무엇인지 압니다.
그들은 자기가 뭘 못하는지 정말 잘 알고 있습니다.
자기가 잘 못하는 특정 분야에 대해서는
주변에 전문가를 많이 둡니다.

이기도록 도와도 좋습니다.
그것을 통해서
더 많은 사람들이 승리를 맛볼 수 있다면요.
농구로 치면요?
다른 선수가 득점을 올리도록
패스한다고 손해 볼 것 없습니다.

농구 선수 케빈 듀란트와
있었던 이야기를 해볼게요.
그는 농구에 재능이 있습니다. 탁월하죠.
저같이 큰 재능 없는 사람들이
그 같은 사람을 보면
정말 짜증이 납니다.

7월의 어느 더운 날,
케빈이 체육관에서 운동을 하더군요.
7월 말 포스트 시즌에
제가 아는 거의 모든 프로 농구 선수들은
체육관에 가고 싶어 하지 않습니다.
심지어 농구에 대해서는
생각조차 하고 싶어 하지 않죠.
그때는 무조건 쉬고 싶어합니다.
농구는 그들에게 취미가 아니라 일이니까요.
또 사업이기도 하고요.

그렇지만 케빈은 계속 체육관에 있을 만큼
노력하는 사람이었어요.

케빈을 만나기 위해
체육관에 간 저는
그를 지켜보다가 한 수 배우기 위해
그의 움직임을 열심히 따라 해봤지요.
*정확히 표현하자면,
따라 하는 척을 했다고 하는 게 맞지요.*
그런데 케빈이 제게 2:2 농구를
하고 싶다고 제안하더라고요.

체육관에는 케빈 말고
남자가 세 명 더 있었어요.
저는 손을 번쩍 들고 말했어요.
"저는 당연히 할 겁니다."
그런데 체육관에 있던 그 남자 세 명은
모두 프로 선수였지요.

아무튼 저는 프로들 사이에
끼어서 경기에 열중했습니다.
케빈과 저는 같이 팀이 되었습니다.
21점까지 득점해야
승리하는 게임이었어요.

우리 팀도, 상대 팀도
똑같이 스코어가 18점이었습니다.
공은 우리에게 있었어요.
케빈이 저에게 패스했습니다.
그때 마침 저에게 공간이 열려 있었습니다.
수비가 저를 따라오지 못한 상황이라
제가 슛을 편하게 쏠 수 있었죠.

하지만 그 기회는 날아가 버렸습니다.
제 슛이 들어가지 않았거든요.
상대 팀에서 흘러나온 공을
리바운드하고 잽싸게 득점하더군요.
결국, 그 게임에서 우리는 패배했습니다.
네, 정확히 저 때문이었습니다.

저는 케빈 듀란트라는 대단한
스타 플레이어와 같은 팀이 되어
2:2 게임을 했는데 지고 말았습니다.
우리 팀이 이 시합에서
이기기 위해선
저는 애초에 슛을 쏘지 말았어야 했습니다.
시합이 끝나고 케빈이 제게 말했어요.
"왜 나한테 패스하지 않았어요?"
제가 말했죠.

"나한테 공간이 열려 있었잖아요.
 나도 슈터인데 슛을 하고 싶었어요."
케빈이 말하더군요.
"그래요, 좋아요. 하지만 내가 더 나은 슈터죠."
케빈은 저 때문에 경기에 져서
화가 난 모양이었어요.
체육관에서 나온 우리는
그날 이후 그 게임에 대해서
다시는, 다시는 이야기하지 않았습니다.

우리 삶을 한번 돌아볼까요?
우리는 그렇듯
나의 소명과 관련 없는 것들에
집착하는 경우가 있지요.
우리 각자의 인생에서
정말 중요한 것은 무엇일까요?
하나님은 우리가
이 세상의 모든 일을 잘하도록
만드시지 않았습니다.
하지만 우리는 분명 각자
자기만의 특별함을 지니고 있어서
그것을 통해 사람들에게
영향을 미치도록 창조되었죠.
어쩌면 내가 뭘 못하는지 아는 것이

내가 할 수 있는 게 뭔지 아는 것만큼
강력한 힘을 가질 수 있지요.

**못하는 것과 잘하는 것
그 사이에 진짜 내가 있습니다.**
그게 나죠.
그리고 못하는 것과 잘하는 것
그 사이에 평화가 있습니다.
오늘 내가 좋아하는 것,
내가 잘하는 것에 대해 생각해 봅시다.
그리고 누구에게
선한 내가 되기를 열망하는지
주변 사람들을 떠올려 봅시다.

내가 잘하는 것에
최선을 다하는 나를
나 자신이 원하듯이,
세상은 그처럼 자기가 잘하는 일에
최선을 다하는
우리 한 사람 한 사람을
필요로 할 뿐입니다.

HOLD · LIFE · ESSAY 13

견뎌야 하는 일이 아니라 쓰임 받고 있는 일입니다

우리는 살면서
무언가를 더 많이 할수록,
그것의 진가를 알아보지 못하는
유혹에 빠집니다.
우리가 무언가를 더 많이 할수록,
최대한의 수확을 거두어야 하는데,
그에 반하는 결과가 있는 이유입니다.
'수확 체감의 법칙' 때문인지도 모르지만,
꼭 그런 것만은 아닙니다.

그래서 우리의 인생이
모험으로 가득한
흥미로운 여행이 아니라
그저 '매일의 고역'이 되는 경우가 많습니다.

또 하루가 시작됩니다.

또 하루의 몸부림이 시작됩니다.
'꿈꾸던 직업'이 어느덧 '고된 근무'가 됩니다.
같이 있고 싶어 서둘렀던 결혼은
이제 자유를 억압하는 '족쇄'가 됩니다.
밤새워 꿈꾸고 계획했던 사업은
그저 '엄청난 책임'이 되었습니다.

우리 모두 크고 작게 이런 경험을 합니다.
심지어 저는 이런 어리석음을 경험하기도 했어요.
이를테면 하나님께 제 삶을 사용해 달라고
간구하는 기도를 한 다음,
다시 하나님께
"주님, 그런데 사람들이 저를 이용하는 것 같습니다."라고
불평하는 죄를 범했습니다.
한번은 하나님께 저를 하나님과 사람들을
연결해 주는 다리로 사용해 달라는 기도를 드렸습니다.
하나님을 찾을 길이 없을 사람들에게
제 삶이 다리로서 연결되게 해 달라고요.
하지만 얼마 지나지 않아
저는 "가끔은 사람들이 내 위를 걸어다니는 것 같아."라며
아내에게 속마음을 드러내며 불평을 했습니다.
그런데 아내는 그러한 제 불평에 대해
"자기, 그 말은 이제 자기가 완전한 '다리'가 되었다는
말로 들리는데?"

하나님을 찾을 길이 없을 사람들에게
제 삶이 다리로서 연결되게 해 달라고
기도를 드렸습니다.

하면서 재치 있는 답을 주었어요.
아내의 촌철살인이 그만 제 입을 막은 거죠.

이처럼 우리는 우리가 원하는 것과
그 일로 감당해야 할 것이 상반될 때
그 모든 것을 통째로 짐스러워 하는
어리석음에 빠지곤 합니다.

**그러나 짐이 될 수도 있는 것에는
늘 축복이 숨겨져 있습니다.**
요즘 당신의 삶에서
가장 부담스럽거나
짐스러운 것은 무엇인가요?
그것을 직시하세요.

저는 비행기를 자주 타는데요.
비행기는 정시에 출발하지 않는 경우가 많아요.
그럴 때면
'원래 무엇이든 계획한 대로 정확하게
진행되는 일은 거의 없잖아!'
하면서 여유를 갖지요.
저는 이렇게 비행기의 출발을 기다릴 때마다
이 비행기가
무인도에 불시착했을 때

어떻게 행동할까에 대해
머릿속으로 시나리오를 써 봅니다.
시나리오를 쓰다보면 처음에 구상했던 것과는 달리
그 내용이 산으로 갈 때가 많지요.

**무인도에 불시착하면 그 즉시 나는
그 섬의 리더가 될 것이다.**
그런데 모든 일을 나 혼자 다 할 수는 없고
누구와 동맹을 맺어 할 것인가?
같이 일할 사람으로 누구를 택할 것인가?

우선 짐을 너무 많이 들고 다니는 사람은
후보에서 제외할 거야.
나의 편견인지 몰라도
나는 여행할 때 짐을 가볍게 가지고 다니는 사람을
더 좋게 생각하거든.
그다음 큰 소리로 말하는 사람들도 후보에서 제외할 거야.
마지막으로, 기침과 재채기를 크게 하는 사람들도
후보에서 제외할 거야.
이런 사람들은 면역 체계가 약한 경우가 많으니
같이 일을 하기에는 적절치 않을 거야.

그 날도 시나리오가 산으로 가고 있는데
저는 대기하고 있는 승객 중에서

정말 5초마다 한 번씩 큰 소리로 기침하는
여성을 보게 되었어요.
하지만 그녀가 설마
내 옆자리에 탈 것이라고는
예측하지 못했습니다.

아!
옆자리에 앉은 그녀의 기침은
쉬지 않고 계속됐습니다.
비행기가 이륙하는데
기침이 계속 제게 날아오는 것 같았어요.
마치 군대가 진격해 오듯이요.
30분쯤 지났을 때였어요.
제가 말했죠.
"아주머니, 기침 덜 나게 해 주는
목 캔디를 드려도 될까요? 민트향 괜찮으세요?
마스크는 없으세요? 다른 건요?
기침을 정말 많이 하시는 것 같아서 그래요."

그녀는 저를 돌아보고 말했어요.
"정말 죄송해요. 내가 이럴까 봐 조마조마했는데.
저는 폐암을 앓고 있어요. 거의 포기한 상태였는데
제게 희망적인 답을 준 의사를 만나러 지금 비행기를 타고
가는 길이에요. 그리고 지금 이렇게 다른 사람들의 평화로운 비행

을 망가뜨리고 있네요."

저는 부끄러워서
쥐구멍에라도 들어가고 싶었습니다.
저는 마음을 가다듬었어요.
그리고 그녀에게
편하게 기침해도 된다고 말해 주면서,
저는 암과 싸워 이긴 사람들을
많이 알고 있다고
말해 주었습니다.
그리고 주님께 기도드리면
치유해 주실 줄 믿는다고 말씀드렸습니다.
그러면서 누가 기침한다고 뭐라 하면
제게 말하라고도 했습니다.
우리는 비행하는 내내
이야기를 나누었습니다.
심지어 그녀는 엑스레이 필름을 꺼내서
어디에 암이 있었고,
얼마나 심했는지 보여 주었습니다.
저는 기분이 묘했습니다.
그녀가 제 옆자리에 앉게 된 것에는
분명 눈에 보이지 않는 섭리가
작용한 것 같았어요.
그 이후로 저는 일상에서

뭔가 예기치 못한
불편한 상황에 맞닥뜨렸을 때
이렇게 생각하게 되었습니다.

"하나님이 이것을 사용하시는 중이야."
그러면 문제로 시작된 것이
결국 내게 쏟아지는 축복으로 끝이 납니다.
'견뎌야 한다'는 것은 짐이 되는 사고방식입니다.
'쓰임받을 것이다'라는 생각이야말로
축복의 사고방식이죠.
우리는 '견뎌야 한다'에서
'쓰임받을 것이다'로 생각의 방식을
전환해야 합니다.
이것은 '마음의 스위치'를
하나님의 방향으로
바꾸어 켜는 일입니다.

어느 주일, 교회 가는 길에
여덟 살짜리 제 아이가 묻더군요.
"아빠, 우리 교회에 꼭 가야 하나요?"
저는 말했어요.
"절대 그렇지 않아. 하지만 그렇다면
우리는 먹을 필요도 없어.
사실, 이 집에 살 필요도 없지."

저는 아이에게 말했습니다.
"우리가 교회에 가는 이유는
하나님이 오라고 불러 주셨기 때문이야.
초대 받았기 때문에 가는 거지.
그래서 교회에 가는 건 의무도 아니고
짐스런 일도 아니란다.
그건 우리에게 축복이란다."

아이든 어른이든 마찬가지입니다.
짐스럽다고 느껴지면
벗어나고 싶을 뿐입니다.
그러나 믿음이 있는 사람에게
그저 견뎌야 하는 일은 없습니다.
지금 내가 맞닥뜨린 그 일이
마침 '하나님이 사용하시는 중'이기 때문에요.
당장은 무엇에다 쓰시는지
알지 못하지만
이유는 곧 밝혀지곤 합니다.
그 이유를 알게 될 때 우리는
내 몸에 빛처럼 쏟아지는 축복을
느낄 수 있습니다.

HOLD · LIFE · ESSAY 14

쿨한 게 뭐죠?
멋진 건가요?

우리는 별다른 이유도 없이
다른 사람들과 다르게 보이려고 애씁니다.
내가 아닌 다른 누군가가 되기 위해
애쓰는 거 말이에요.
그러면서 이렇게 하는 게
쿨하다, 멋지다고 생각하죠.
다른 한편으로 우리는
대부분의 사람들에게
편하게 받아들여지고 싶고,
사람들을 기쁘게 해 주고 싶어 합니다.
우리에겐 이렇듯 아는 듯 모르는 듯한
양가감정이 있습니다.

젊은이들은 '쿨하다'는 말을 좋아합니다.
'왜 그러는 거지?' 하고 물으면
정확한 설명 대신

'쿨하잖아요!'라는 대답이 옵니다.

저는 솔직히 쿨한 게 뭔지
확실히 알지는 못합니다.
그럼에도 불구하고 지난 몇 년 동안
우리 교회와 그리고 담임목사인
저는 쿨하다는 바로 그 이유로
호평을 받아 왔습니다.
네, 그렇습니다.
저는 특히 '쿨한 교회'라는 게 무슨 의미인지
정확히 알지 못하지만
많은 사람들이 우리 교회에 대해
쿨하다고 평가하기 때문에
그 생각을 받아들이긴 합니다.
비난을 위한 말이 아니라
어디까지나 칭찬을 위한 말이니까요.

하지만 과연 이러한 평가가
기독교인들과 어울리는 것일까요?
기독교인으로서
그가 어떻게 다른 이들과 '구별되는' 행동을 할까
기대하는 것이 아니라
뭘 말하든, 뭘 행하든 상관없이
'쿨한 교회에 다니는 사람이니 쿨해 보인다'라는

시각과 평가는 참 당황스러운 것입니다.
"당신 교회는 멋진 조명과 음악이 있어요.
그래서 쿨해 보여요."
이렇게 말하는 사람들을 만나면
저는 정색하고 다음과 같이 대답합니다.
"조명과 음악이 멋지다고 거기 모인 사람들의 영혼에
영향을 줄 수 있는 것은 아닙니다.
누군가의 인생을 완전히 바꾸도록 이끄는 것은
멋진 음악이나 조명이 아니거든요.
교회가 멋져서 사람들이 매주 봉사활동을
하는 게 아니지요."

그곳이 어디든
쿨하거나 멋진 게 있으면 좋겠죠.
나쁘진 않아요.
하지만 쿨한 것과
진정한 변화가 일어나는 것은
아무 상관이 없습니다.
또한 멋지다고 해서
변화가 지속되는 것도 아니지요.

쿨하다는 의미는
아마도 그 시점의 유행과 관련이 있겠지요.
그러기에, 지금은 쿨하다는 말을 듣지만

돌아서면 구식이 되어 버리는 식이죠.
그래서 저는 '쿨하다'는 평가가 반갑진 않습니다.
곧 구식이 될 수 있다는 의미니까요.
보다 분명한 건
저 자신을 둘러싸고 있는 것들이
쿨하길 원하지 않는다는 겁니다.
차라리 저는 그 반대를 원합니다.

**우리 삶에서 지켜가야 할
중요한 요소들은
모두 쿨하지 않거든요.**
자신의 약함을 인정하는 것은 쿨하지 않죠.
도움받는 것도 쿨하지 않아요.
겸손해지는 것 역시 쿨하지 않습니다.
안타깝지만, 친절해지는 것 역시 쿨하지 않죠.
쿨하게 보이려면,
자신의 약함 따윈 인정하지 않아야 하고요.
도움 따위는 필요 없고요.
겸손해지는 것, 친절해지는 것은
꿈도 꾸지 말아야겠죠.

**제가 생각하는 쿨한 사람들은
도전하는 사람들입니다.
개척하는 사람들입니다.**

제가 관심이 많은
농구를 예로 들어볼게요.
'기막힌 5인조Fab Five'의 스타일이라는 게 있어요.
요즘에는 '농구' 하면 이 스타일을 많이 떠올리는데요.
그 5명은 모두 아프리카계 미국인이었는데,
힙합 문화와 농구를 처음 접목시킨 거예요.
그들은 정말 시끄럽게 말하면서 경기했어요.
그리고 복장은 또 어땠는데요.
그때까지는 상상조차 하기 힘들 만큼
엄청 헐렁한 반바지 차림에다
검정색 신발과 검정색 양말을 신었죠.
당시 유행과는 전혀 상관없는 스타일이었어요.
그들은 결코 '쿨'하지 않았지요.
하지만 그들은 곧 영웅이 되었어요.

'기막힌 5인조'는
농구 문화를 바꾸는 데 큰 영향을 미친
도전자였고 개척자였습니다.
우리가 사는 이 세상은
이러한 것들이
여전히 더 많이 필요합니다.
관습에 도전할 만큼
자기중심이 단단하고
위험을 무릅쓴 채

다르게 행동할 만큼
담대한 사람들이 필요하죠.

진정한 개척자들은
그들이 살던 시대에는
쉽게 받아들여지지 않습니다.
그저 일이 다 벌어진 뒤에,
그러니까 모두가 전후 사정을
다 알게 되고 나서야
그들의 업적에 대해
뒤늦은 깨달음을 갖게 될 뿐이죠.

우리가 또 알아야 할 게 있네요.
항상 앞장서 일을 처리하는 사람들은
대체로 '쿨하지 않은 사람들'이라는 것입니다.

이것은 이상한 역설이지만,
또한 놀라운 역설이기도 합니다.
그래서 제가 존경하는 대부분의 사람들은
어느 면에서는 쿨하지 않기 때문에
호평을 받습니다.

하지만 누군가가 저에게 쿨하다고 말하면,
저는 그것을 받아들이겠습니다.

왜냐하면 '당신은 아직 부족해보입니다'라는
의미로 받아들여지기 때문입니다.
제가 좋아하는 말이 있습니다.
**"다른 사람들의 칭찬을 받기 위해 살면,
그들의 비난에 의해 죽게 된다."**

저는 제 주변에서 사라지고 있는
'쿨하지 않은 것'들이
좀더 융성하길 기대합니다.

HOLD · LIFE · ESSAY 15

모든 일의 절반은
생각보다 나쁘지 않습니다

지혜에게 가장 좋은 친구가 있다면,
그의 이름은 '관점'일 것입니다.
지혜와 관점,
우리 인생에서 이 두 친구가
손을 맞잡고 함께 일한다면
거의 무적의 힘이
발휘될 것입니다.

그런데 우리의 모든 문제는
지혜의 부족함에서 오는 경우도 있지만
관점의 결여에서 오는 경우가 더 많습니다.

자신이 재능 있다고 생각했던
한 아이가 〈아메리칸 아이돌〉에 나갔다가
떨어졌습니다.
그는 같이 온 어머니로부터

즉각적인 위로를 받습니다,
**"얘야, 그들은 너의 재능을 몰라. 너는 이미 스타란다.
우리는 다른 곳에 가면 반짝반짝 빛날 수 있단다."**
어머니의 이 말은
두 가지 상반된 관점을 가지고 있습니다.
하나는 아이가 혹시 좌절하고 있다면
위로가 될 수 있습니다.
하지만 반대로 아이가
그저 '엄마 말이 맞아!' 하고
생각해 버린다면
그 아이는 이번 실패애서
아무것도 배우지 못합니다.
그러니 더 이상 성장할 수 없습니다.

우리는 살면서 언제든 이러한
상황에 놓일 수 있습니다.
마음의 위로가 먼저라면
내가 성장할 수 있는
현실적인 관점을 놓칠 수 있습니다.
또한, 관점을 잃게 되면
매일매일이 흔들립니다.
지금까지 열심히 해오던 일에 대해서도
회의감에 빠져듭니다.
'내가 왜 이 일을 열심히 하는 거지?'

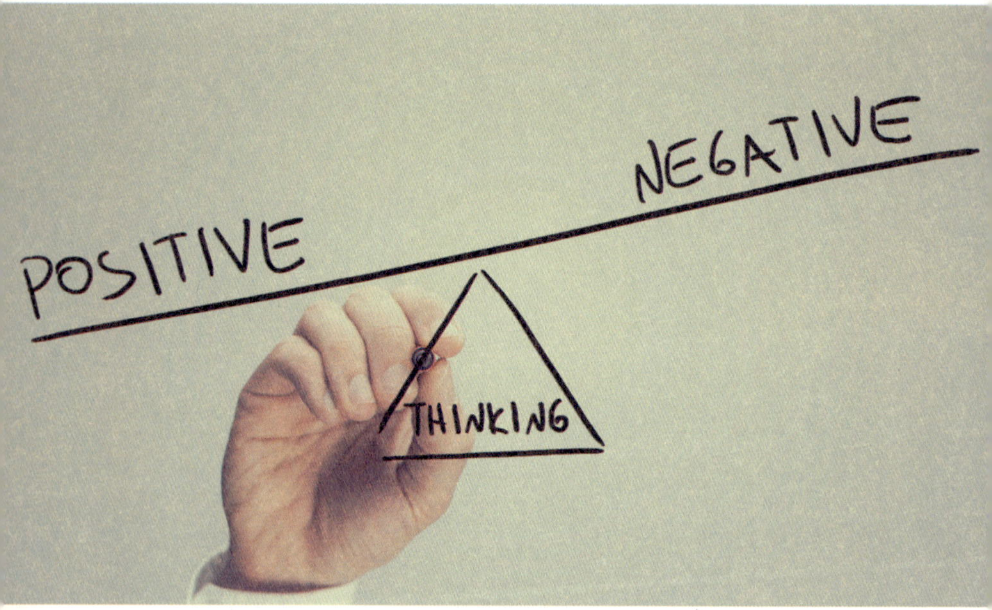
NEGATIVE
POSITIVE
THINKING

이렇게 되면, 한때 열정을 쏟았던 프로젝트는
이제 버거운 짐이 되고 맙니다.
물론, 실제로 달라진 것은 아무것도 없습니다.
현실 상황은 그대로입니다.
바뀐 건 하나죠. 나의 관점.

혼자 사는 게 좋다던
독신자가 관점을 확 바꿉니다.
결혼이 하고 싶어졌기 때문이죠.
"결혼하면, 지금 나의 문제가 많이 해결될 거야.
나는 훨씬 더 강해질 테고,
유혹과 스트레스도 적어지겠지.
나에게는 소울 메이트가 필요하거든."
그런 관점에서 그는 결혼을 합니다.

이제 시간이 흐르고,
환경도 바뀝니다.
그리고 이렇게 말하기 시작합니다.
"나의 가장 큰 문제가 뭐냐고?
결혼했다는 거야.
내가 혼자였다면 훨씬 더
많은 걸 할 수 있을 텐데 말야."

몇 년 동안 NBA에 들어갔다

나왔다 했던 친구가 있습니다.
그는 선수들 중에서도
전형적인 야심가였고,
그 야심만큼이나
대량 득점자였습니다.
그러나 NBA에서는
아무리 득점력이 있어도
팀에 필요 여부에 따라
그 위치가 결정됩니다.
그러다보니 때론
소모품 신세가 되기도 합니다.
팀에서 필요 없다는 결정을 내린 시즌에는
실업자가 되어
기다림의 시간을 보내기도 합니다.

그럴 때 그는
교회에서 살다시피 합니다.
그는 저와 함께 다음과 같은 기도를 했습니다.
"하나님, 문을 열어 주시면 최대한
그것을 활용하겠습니다.
하나님이 기회를 주시는 것이라면
그게 무엇이든 하겠습니다.
그 일 가운데서 제 역할을 찾아
채워 나가겠습니다.

그 무엇도 당연시하지 않겠습니다."

하나님은 그의 기도에 대해
하나님의 방식으로 응답해 주셨습니다.
저는 뉴욕의 프로농구팀 두 곳에서 기관목사로
섬기고 있어요. 그래서 경기장에 자주 가 보게 되거든요.
그 해 시즌 초의 일이었어요.
저는 어느 날 경기장에 갔을 때
벤치에 그가 있는 걸 봤어요.
그는 벤치 선수가 되어
수건을 흔들며
열심히 응원을 하고 있었어요.
말 그대로 경기장에 있는 것만으로도
그는 행복해 보였습니다.
하지만 시즌 중반쯤 됐을 때
저는 그 친구의 열정이 줄어들고
있음을 알아차렸습니다.
응원하는 것부터가 달라졌거든요.
이를테면
예전에는 재빨리 박수를 쳐 주었다면,
이제는 기껏해야 손뼉 몇 번 치고
마는 것이었습니다.

그런데 가끔은 그가 경기에 투입되는 일도 있었어요.

이를테면 대세에 지장이 없는
경기가 끝나갈 무렵,
주전 선수들의 체력을 아껴주기 위해
그를 투입시키는 일이 몇 번 있었어요.
그럴 때는 아무것도 시도하지 말아야 하는데,
한 번은 그가 수비를 뚫고 나가더니
자유투라인에서 레이업 슛을 시도하더군요.
자신의 존재감을 보여주고 싶었겠죠.
그날 그는 매우 우울해했어요.
"저를 차라리 벤치에 그냥 내버려두면 좋겠어요.
게임이 끝나갈 때 저를 투입시키는 코치가 너무 싫어요."
제가 말했죠.
"몇 달 전을 기억해요? 다시 선수 명단에
 오르게 될지에 대해서도 확신이 없었을 때 말이에요.

다행히도 그는 곧바로
자신의 관점이 잘못되었다는 것을
인정했습니다.
전체를 보지 못하고
절반만 보고 있었다는 것을요.
"목사님이 맞아요. 저는 지금 잘못 보고 있어요.
 절반만 보고 부정적인 방향으로만 보고 있었어요"

우리는 함께 기도했습니다.

지금 당신을
잠 못 들게 하고,
불안과 걱정을
유발하는 것들이 있나요?
그렇다면 적어도 그 절반은
당신이 생각하는 것만큼
나쁘지 않다고 말해 주고 싶습니다.
지금 당신의 관점이
부정적인 방향으로만
쏠려 있기 때문입니다.

우리는 살면서 내가 맞닥뜨린 상황에 대해
다음과 같은 순서대로 대처합니다.
'반응하고, 그다음에 생각하기.'
이 순서는 늘상 후회로 치닫는
전형적인 코스입니다.
당신에게 특정한 상황이 왔을 때
늘 불안하고 걱정스럽다면
당신의 관점은 딱 절반만 보고 있기 때문입니다.
당신의 관점이 그 반대쪽까지
온전히 보고 있다면
걱정할 일도, 불안해할 일도 없기 때문입니다.
당신이 겪는 모든 일의 절반은
생각보다 나쁘지 않습니다.

HOLD · LIFE · ESSAY 16

불안은 목소리 크고
시끄러운 존재입니다

삶 가운데 무엇이
당신을 가장 불안하게 하나요.
다른 사람들의 성공인가요?
내가 꿈꾸는 일이지만
현재 나는 할 수 없는 그 일을
그들은 하고 있어요.
심지어 잘하기까지 해요.
그런 사람들 때문일까요?

그래요. 당신의 불안을 인정해요.
하지만 불안에는 슬픈 진실이 있습니다.
**불안은 타인의 눈에 너무 확연하게
드러난다는 것입니다.**
어쨌든 다른 모든 사람들이
내가 불안하다는 것을 볼 수 있기 때문에
우리는 그 불안을 빨리 처리할 필요가 있어요.

다시 말하면, 불안이란 조용하고 차분한
존재가 아니에요.
다른 사람들이 다 들을 수 있을 정도로
목소리가 큰, 시끄러운 존재인 겁니다.

뉴욕에 살면 이러한 현상을
자주 목격할 수 있습니다.
어디서든 자신을 드러내야하고,
스스로를 홍보해야하고,
자기에 대해 계속 이야기하는 사람들이 있죠.
그들은 많은 양의 불안을 가지고 있는
사람들이에요.
그들에게 평안이 있다면
굳이 그렇게 할 필요는 없죠.

평안이 있는 사람은
자신에 대한 믿음이 있기에
언젠가 자신이 빛날 수 있는
그 때가 오리라는 것을 알고 있어요.
그러니 그림자처럼 있어도
계속 성장할 수 있는 겁니다.

내가 불안에 붙잡혀 사는 사람이 아니라면,
다른 사람들에게
내가 훌륭하다고 말할 필요가 없습니다.
내가 하는 일이 내가 훌륭하다는 것을
증명할 테니까요.
나의 태도 또한
내가 훌륭하다는 것을 나타낼 테니까요.

내가 불안에 붙잡혀 사는 사람이 아니라면
나에 대한 이야기가
모든 대화에서
화제의 중심에 설 필요는 없습니다.
나에 대한 이야기를
다른 사람들이
반드시 알아야 하는 것도 아니고
나에 대한 이야기로
대화를 흥미롭게 이끌어야 한다는 생각을
할 필요도 없습니다.
또한 다른 사람들이
자기가 무언가 잘했다는 이야기를 할 때는,
선뜻 공감하고, 격려해 주면 됩니다.
**그들의 말이 진짜인지
굳이 의심할 필요는 없습니다.**
그렇듯 평안이 있는 사람은

그 평안으로 말미암아
모두의 삶에 있어
훌륭한 '치어리더'의 역할을 합니다.
우리가 평안하다면
가만히 있어도 모두를 위해
좋은 일을 하고 있는 것입니다.

제게는 패션업계에서
디자이너계와 모델계 양쪽으로
성공적인 경력을 쌓았지만,
그만큼 불안에 사로잡힌
친구가 있습니다.

그 친구는 사람들이
자기를 잘생겼다고
생각하는지를
매우 중시했습니다.
그리고 매일매일 그 사실을 확인하는 일에
집착했습니다.
그는 만날 때마다 이렇게 말하곤 했어요.
"오늘 길거리를 걷는데 적어도 다섯 명의 여자가
나를 멈춰 세우고 전화번호를 물어봤어."

어느 날 저는 참을 만큼 참다가

그 친구에게 물어봤습니다.
"너, 누군가가 더 크게 이야기할수록
그 이야기를 듣는 사람들은
그가 말하는 것을 더 믿지 않는다는 사실을
이해할 수 있겠어?"
그리고 저는 생각해봤습니다.
우리 모두가 그에 대해 대단하다고 생각하고,
우리 모두가 그를 위하고 사랑해 준다면,
그 친구가 그런 말과 행동을
멈출 것인지에 대해서 말입니다.

물론 그날 진실은 밝혀졌습니다.
그는 지금껏 자신을 도와주는 사람이
아무도 없었다고 했어요.
그래서 스스로라도 자기 자신을
도와야 한다는 생각에
그렇게 살아왔다고 했습니다.
사랑과 지지가 결핍된 자리를
언제나
불안이 채우고 있었던 것이죠.

당신은 언제인지 몰라도
자기에 대해 너무 큰 소리로 말하는
자신을 발견한 적이 있나요?

평안이 있는 사람은
자신에 대한 믿음이 있기에
언젠가 자신이 빛닐 수 있는
그 때가 오리라는 것을 알고 있어요.
그러니 그림자처럼 있어도
계속 성장할 수 있는 겁니다.

그렇다면, 당신은
자신도 모르는 사이에
불안에 사로잡혀 있다는 의미입니다.

**우리는 우리 인생이 어디에
닻을 내리고 있는지 알아야 합니다.**
그래야 재빨리 사랑하고,
관대하게 베풀며,
자유자재로 용서할 줄 아는
평안을 가질 수 있습니다.

최근에 장인어른이 열 살짜리 제 딸 찰리에게
'아무 이유 없이 그냥' 70달러를 주셨습니다.
70달러면 굉장히 큰돈입니다.
특히 열 살짜리 아이에게는
완전 수지맞은 일인 거죠.
원하는 것을 다 살 수 있는 돈이니까요.

이날도 저는 아이들이
주변 어른들에게 돈을 받을 때마다
하던 방식 그대로 했습니다.
딸에게 말했습니다.
"내가 널 살아가게 해 주니까
 넌 내게 빚지고 있는 거지?

그러니까 그 돈, 내게 주렴.
그리고 그 돈 가운데 일부는
다음 주에 교회에 내야 하니
확실히 갖고 있어야 한다."

저는 딸에게 이 문제에 대해
기도해보고
교회에 얼마를 낼지
결정하라고 말해 주었습니다.
그리고 결정이 되면 저에게
말해 달라고 했습니다.

그리고 저는 그 일에 대해 까맣게
잊어 버렸습니다.
어느 주일날, 교회에서
제가 일어서려고 하는데
누가 옆에서 제 다리를 살짝 잡아당기는 겁니다.
봉투를 들고 있는 딸 찰리였습니다.
찰리가 말하더군요.
"아빠, 제 헌금 여기 있어요."
저는 그제야 얼마 전
딸과 나누었던 이야기가 생각났어요.
"오, 그럼 얼마를 헌금으로 내기로 결정했니?"
딸이 답했어요.

"70달러 전부 다요, 아빠."
저는 말했어요.
"딸! 너무 잘했다. 하지만 꼭 그렇게 할 필요는 없단다.
 7달러만으로도 정말 충분해."
그런데 딸이 이렇게 말하더라고요.
"아빠, 괜찮아요. 저는 전부 다 내고 싶어요.
 제가 돈이 필요하면 아빠한테 부탁하면 되니까요!"

딸의 그 말을 듣고 저는 눈물이 났습니다.
딸아이의 그 작지만 관대한 주머니를 채워 주기 위해
저는 당장 현금 인출기로 달려가고 싶어지더군요.
이 아이는 자신이 필요로 하면
채워 주실 것임을 믿기 때문에
무엇이 부족할까 아무런 불안이 없습니다.
그래서 그 어린아이는 이미 자신이 갖고 있는
모든 것을 내어놓을 수 있는 것입니다.

이것이 진정한 평안입니다.

당신은 이제 최선의 아이디어를 낼 수 있습니다.
왜냐하면 당신은 그 아이디어를
어디서 얻을 수 있는지
알게 되었기 때문입니다.
당신은 이제 만나는 모든 사람들을

격려하게 될 것입니다.
왜냐하면 당신 자신이 격려 받고 있다는 것을
알게 되었기 때문입니다.
당신은 이제 다른 사람들이
나보다 잘나간다 해도
불안해하지 않습니다.
**왜냐하면 당신은 당신의 가치와
자존감이 어디서 오는지 알게 되었기 때문입니다.
우리는 무엇이든 불안이 시키는 것과
정반대로 해야 합니다.**
그 정반대 편에 하나님이 준비하신
큰 평안이 기다리고 있기 때문입니다.

HOLD · LIFE · ESSAY 17

꿈을 이루기보다는
꿈을 살길 원합니다

"렌츠! 너 맞아?"
저기 술집이 있는 쪽에서
제 옛날 친구의 목소리가 들려왔습니다.
만난 지 참 오래된 친구였어요.
그 친구와 또 다른 한 남자가
제게 인사하며 이쪽으로 걸어오더군요.
걸음걸이가 누가 봐도
술에 취했음을 알 수 있을 정도였습니다.
발을 헛디디는 것도 아니고,
그렇다고 빨리 뛰어오는 것도 아닌
걸음걸이 있잖아요.
이렇게 술에 취해 흔들리는 모습을 보면
저는 매번 웃음이 납니다.

저는 한동안 제가 살던 지역에 가지 못했어요.
아무도 예측하지 못한 방향으로

인생을 바꾸게 되었으니 오죽했겠어요.
호주에 가서 목회학을 공부하게 되었고
졸업 후에는
곧바로 교회에서 일하기 시작했으니
그럴 틈이 없었어요.

그러다보니 옛날 친구들 사이에선
저에 대해
엉뚱한 소문이 돌고 있었습니다.
'평화 유지군에서 일하고 있대.',
'콩고로 선교 여행을 갔다가 돌아오지 않았대.',
'이상한 사교 모임에서 활동한대.'
주로 이런 소문들이 돌았다고 해요.

그날 만난 제 옛날 친구가 말했죠.
"칼! 도대체 뭐하고 지내는 거야?
네가 신부가 되었다고 들었어.
그런데 나는 믿지 않았어. 말이 안 되잖아!"
저는 친구에게 그 소문이 완전히 틀린 것은 아니고
반은 맞는 거라고 대답했어요.
신부가 아니라 목사가 되었다고요.
그러면서 신부와 목사의 큰 차이에 대해서도
설명해 주었습니다.

친구가 말했어요.
"음, 그래도 여전히 끔찍하게 들리는데?"
친구는 이어서 말했어요.
"칼, 내가 지금까지 어떻게 살아 왔는지 말해 줄게.
난 네가 헤아릴 수 없을 정도로 많은 돈을 벌고 있어.
여자친구는 꾸준히 있었고.
또 내 옆에는 여자친구는 아니지만
가까이 두고 있는 젊은 여자 10명도 있지.

난 아무에게도 얽매이지 않아.
나는 공식적인 직업이 있고,
정부가 모르는 직업도 있어.

정부에서는 아직도 내가 하는
그 비공식적인 일을 알아내지 못했지.
나는 어디든 갈 수 있고, 누구나 날 알아봐.
나는 꿈을 이루며 살아왔어!"

저는 그의 옆에서 정중한 태도로
고개를 끄덕이면서
친구의 이야기를 들어 주었죠.
하지만 그 자리를 떠나며
친구의 사는 모습을 상상해 보았을 때
꿈을 이루었다는 그의 삶이
제게는 뭐랄까
악몽 같다는 생각을
떨칠 수가 없더군요.

물론 이루었다고 주장하는
그의 꿈이,
내가 인정하거나 존중할 수 없는 것이긴 하지만
그럼에도 불구하고
조롱해선 안 되겠죠.
하지만 투명하지 못하고
뭔가 불법적인 냄새가 나는 그의 삶에 대해
'오! 너의 꿈을 이뤘다니 축하한다!'는 말이
나오진 않았어요.

현대 역사에서 가장 감동적이고
대중적인 연설 중 하나는
마틴 루터 킹 주니어가 한 연설일 것입니다.
그는 온 세상에 선포했죠.
"내게는 꿈이 있습니다."
그러나 이 연설이 정말로 특별했던 이유는
그가 꿈을 향해 매일 점진적으로
나아가는 삶을
살았기 때문입니다.

어느 날, 워싱턴 시애틀에서 온 편지를 받았는데요.
이 편지는 제게 꿈과 삶에 대한 생각을
확고하게 해주는 계기가 되었습니다.
저는 그 편지를 받기 몇 주 전에
시애틀에서 설교를 했는데요.
그날 밤, 사람들이 제 설교를 통해
마음이 열리고 있음을 느낄 수 있었습니다.
설교자는 때로 자신이 말하는 것이
단지 사람들의 머릿속에 들어가는 것인지,
아니면 그 말들이 실제로 마음까지 들어가
영향을 미치는지 알 수 있습니다.
그런데 설교자의 말이 마음으로 들어가면
머리로 들어갈 때와 반응이 다릅니다.
오히려 더 조용합니다.

하지만 머리로 받아들일 때와는
다른 차원으로
듣는 이에게 접수되고 있다는 것을
알 수가 있죠. 그날 밤이 그랬습니다.
편지는 다음과 같이 쓰여 있었습니다.

제가 할 수 있는 것을
지금 당장 하라는 메시지를 주셔서
정말 감사드립니다.
완벽한 시기, 완벽한 계절을 절대로 기다리지 말라는 말씀이었죠.
저는 언젠가는 성직자가 되어 설교하게 되리라는 생각을 늘 해 왔어요.
교회에서 말이에요.
저의 현재 직업은 경찰관입니다. 저는 이 일이 정말 좋아요.
하지만 아마도 경찰관이라는 직업은 성직자가 되기 위한
전 단계일 거라 늘 생각해 왔습니다.
목사님이 설교에서 말씀하셨듯이 저는 더 이상 무언가를
기다릴 필요가 없음을 깨닫게 되었습니다.
하지만 제 매일의 삶에서 저의 꿈을 살아낼 수 있다는 것을
알게 된 거죠. 그래서 저는 예전과는 다른 방식으로
일하기 시작했습니다.
보통 경찰관은 범인을 체포할 때 차 뒤쪽 상대적으로
조용한 곳으로 데리고 갑니다.

그러나 저는 수갑을 채우는 동안 그들이
제가 정말 좋아하는 설교 동영상, 가끔은 목사님 설교 동영상을
볼 수 있도록 데리고 갑니다.

———

저는 목사가 되는 것을
결코 꿈꿔 본 적이 없는
사람입니다만
'누군가에게 다리 역할을 하고 싶다'는 꿈은 있었습니다.
그러기에 이 편지를 읽고 저는
'내 꿈을 이뤘다'는
생각이 들어 뭉클해졌습니다.

꿈을 이룬다는 것은
내가 되고 싶은
무엇이 되는 것만을 의미하진 않습니다.
'꿈을 이룬다'는 것의 의미는
'꿈꾸며 사는 삶'이 아니라
'꿈을 사는 삶'을 말합니다.

저는 이미 더 이상 문신을 하지 않아야 할
단계에 와 있다고 생각하지만,
만약 문신을 더 한다면 이 문구로 할 것입니다.
"꿈은 크게 갖되, 삶은 꿈보다 더 잘 살자."
이것은 바로 성경에 쓰여 있는 내용입니다.

"우리 가운데서 역사하시는 능력대로
우리의 온갖 구하는 것이나 생각하는 것에
더 넘치도록 능히 하실 이에게"(에베소서 3:20).

EPHESIANS 3:20

Now to him who is able to do immeasurably more than all we ask or imagine, according to his power that is at work within us.

"우리 가운데서 역사하시는 능력대로
우리의 온갖 구하는 것이나 생각하는 것에
더 넘치도록 능히 하실 이에게"
(에베소서 3:20)

이 성경 구절은 지금도 매일 저의 눈을 열어 줍니다.
이 성경 말씀대로라면 제 꿈은 정말 대단한 겁니다.
그리고 저는 이 말씀을 온 마음을 다해 믿습니다.

이 말씀을 실제로 행하는 것,
곧 '실행'은 생각보다 어렵지 않습니다.
어떻게 하면 되냐고요?
내가 하는 일들 가운데 가장 평범한 일을 고릅니다.
그 평범한 일에 열정을 쏟아붓기로
의식적으로 결정을 내리는 겁니다.
그리고 무슨 일이 일어나는지 봅시다.
꿈을 산다는 것은
승진하고 권력을 거머쥐는
욕망의 길이 아닙니다.

그러나 꿈을 산다는 것은
내가 지금 할 수 있는 것들을
무시하지 않는
확실한 방법입니다.

또한, 늘 우리 곁에 계시는 하나님은
우리의 꿈을 초월하십니다.
우리의 꿈을 더 낫게 만드십니다.
그래서 우리가 꿈을 꾸는 것으로 끝나지 않고

하루하루 그 꿈을 살 수 있도록
이끌어 주시기에
우리는 꿈의 크기를
버거워할 필요가 없습니다.

HOLD · LIFE · ESSAY 18

징징거리는 것은
아무런 힘이 없어요

한밤중에 길을 잃어
어디로 가야 할지
도무지 알 수 없게 되지 않는 이상,
그 누구도 작은 손전등의 진가를 알아보지 못합니다.
하지만 우리는 그 손전등과 같은
존재가 될 수 있습니다.
만약 여러 손전등이 한꺼번에 켜진다면
어두운 곳은 금세 환해지겠죠.

이러한 현실을 만드는 핵심은 무엇일까요?
자신이 가지고 있는 것을 찾아 작동시키고,
활성화시켜야만 합니다.
우리가 작은 손전등이 되는 겁니다.
현실이 마음에 안 든다고
징징거리며 우는 소리를 내고 주저앉아 있다면
달라지는 것은 아무것도 없으니까요.

우리가 작은 손전등이 되는 겁니다.
현실이 마음에 안 든다고
징징거리며 우는 소리를 내고 주저앉아 있다면
달라지는 것은 아무것도 없으니까요.

우리 교회에는 이렇게 말하는 사람이 있습니다.
**"당신이 돕지 않는다면,
당신은 도움이 되지 못합니다.
그리고 당신이 돕지 않는다면,
나는 당신이 말하는 것을 듣고 싶지 않습니다."**
이 말은 무슨 의미일까요?

정치든, 사회든, 교회든
그 모든 문제들에 대해 비판한 이들이
직접 그 문제에 대한
변화를 위해 움직이지 않는다면
처음부터 관심 가질 필요가
없다는 것입니다.

보통 싸움에 참여하지 않는 사람들이
'나라면 더 잘할 텐데.'라고 말합니다.
하지만 실제로는 과연 그럴까요?
우리는 나가서 같이 싸우는 것보다
구경꾼이 되고 싶은 유혹이 더 강합니다.
사실, 구경꾼이 되는 건 쉽습니다.

고등학교 졸업 파티장 밖에서 성폭행당한
한 소녀에 관한 기사를 보았습니다.
우리 안에 있는

'방관자 증후군'에 대한 이야기였습니다.
사건 자체만으로도 끔찍하지만,
더 가슴 아프고 더 독하게
느껴지는 이유가 있습니다.
경찰의 발표에 따르면
최소한 40명이 이 사건을 보고도
그냥 지나쳤다고 합니다.
이 소녀는 그렇게 3시간 동안
잔인하고 야만적인 악행에 시달려야 했습니다.
사람들은 그 현장을 목격했습니다.
어쩌면 그들은 겁먹었을 것입니다.
어쩌면 그들은 자기가 무엇을 해야 할지
몰랐을 것입니다.
하지만 이 사실만큼은 확실하고 변함없습니다.
그들은 그 끔찍한 현장을 보고도
아무것도 하지 않았습니다.

이에 대해 심리학자들은
이렇게 설명하기도 합니다.
실제로 구경꾼이 많으면
사람들이 얼어붙는 상황이
벌어진다고 합니다.
사람 수가 많은 게 그저
안전장치처럼 느껴져서

아무것도 하지 않는다는 것입니다.

제가 뉴욕에 처음 왔을 때,
몇 사람이 제게 물었습니다.
깎아지른 듯한 도시의 빌딩 숲,
공공연하게 표출되는 온갖 욕구들,
잠들지 않는 그 도시의 문화적 용광로.
이것들에 압도되지 않느냐는 것이었습니다.
모두 다 확실히 맞는 말이죠.
이어서 묻더군요.
"수백만 명이 사는 그 도시에서 정말
 뭔가를 할 수 있다고 생각하세요?"
저는 말했죠.
"저는 수백만 명에 대해 생각하지 않아요.
저는 한 명을 생각합니다. 각자 한 명 한 명씩이요."
저는 이런 생각을
결코 멈추지 않아 왔습니다.

예수님이 공생애를 살아가시는 동안
우리가 '말씀'이라고 부르는
메시지만 전하신 게 아닙니다.
예수님은 고통에 시달리는
많은 사람들을 치유하셨습니다.

그러나 치유받아야 할 사람들이 너무 많았어요.
너무나 많은 사람들이 예수님께로 왔기 때문에
치유의 장소에 전부 다 들어갈 수는 없었죠.
이 장면을 같이 상상해 봅시다.
눈 먼 자들, 나병 환자들, 가난한 사람들,
그 밖에 여러 가지 이유로 절박한 사람들이
자신을 치유해줄 수 있는 분 앞에 가기 위해
앞 다투어 발길을 내딛고 있습니다.
그런데 태어났을 때부터
절름발이였던 친구를
네 명의 남자가 침상에 눕힌 채로
데려오는 것이 보이네요.
그런데 그들은 사람들이 너무 많아
예수님이 계신 곳으로 들어갈 수 없었죠.
하지만 그것은 시작일 뿐이었습니다.
이 네 명의 남자들은 지금 이 순간이
친구를 도울 수 있는
유일한 기회라고 생각했을 것입니다.

그들에게는 선택의 여지가 없었기에
즉흥적으로 움직였습니다.
즉시 지붕으로 올라가 구멍을 냈습니다.
그리고 예수님 바로 앞에 친구를 내려놓았습니다.
예수님이 그 사람을 보시고 고쳐 주셨습니다.

그 남자는 일어나서 자기가 누워 있던
자리를 들고 나갔습니다.
그는 분명 모든 사람들 앞에서
발을 높이 들며
위세가 당당하게 걸어 나갔을 것입니다.
대성공이었습니다.
선천적으로 장애를 가진 이 사람에게
치유의 기적을 선사한 존재가
예수님만은 아니었습니다.
네 명의 그의 친구들이 있었습니다.

그러나 우리가 성경에서 볼 수 있는 것은
다음과 같이 말씀하고 있는 것뿐입니다.
**"사람들이 한 중풍병자를 네 사람에게 메워 가지고
예수께로 올새"**(마가복음 2:3)

저는 성경에서 이 말씀을 대할 때마다
그 네 명의 친구들에게 대해 상상합니다.
그중 한 명은
"내 친구가 들어갈 수 없다니! 말도 안 돼!"
라고 했을 겁니다.
두 번째 사람은 아이디어를 냈을 거예요.
"지붕에 구멍을 뚫어야 해. 톱과 로프가 필요해."
세 번째 사람은 이렇게 말했을 겁니다.

"로프가 필요하다고?
오, 로프 싸게 파는 친구를
내가 아는데."
네 번째 사람이 말합니다.
"좋은 계획이야, 친구들. 돈은 내가 내지."
그리고 그들은 함께 일했습니다.
그들은 모두 자신의 역할을 완벽하게 해냈습니다.
그리고 친구는 모든 것을 얻었습니다.

그들은 평생토록
이런 말을 하지 않았을까요?
**"불구였던 내 친구가 침상에 누운 채로
살아 계신 예수님을 만났지.
그리고 걸어서 그곳을 나왔다네."**
위대한 기적의 사건이지요.
하지만 이 기적의 역사에 대해 꼭 빠지면
안 되는 내용이 빠져 있습니다.
그 네 명의 이름입니다.
우리는 그들이 누구였는지, 그들이 뭘 했는지,
그들이 이 역사적 순간이
일어난 이후에 이루어낸 일이
무엇인지 알지 못합니다.

이 세상이 더 나아진다고 할 때

우리가 만나는 이야기들은
슈퍼스타에 관한 것이 아닙니다.
아마도 모든 역사책에는
다음과 같은 기록이 남게 될 겁니다.
**"이 나라는 싸움과 증오가 판치는 가운데서
사랑과 평화의 길을 택했다."**
사랑과 평화의 길로 가기 위해 수고한
많은 사람들이 있습니다.
그럼에도 불구하고 그들의 이름은
하나도 기록되어 있지 않죠.
하지만 수많은 사람들이 거기에 있었습니다.
그들은 자신의 것을 내어 주고,
사랑하고, 희생했습니다.
우리는 그들이 남긴 열매 하나하나,
그 전부를 누리고 있는 거죠.

때로는 스포트라이트가
우리를 비출 때도 있지만,
**반대로 그림자가 되어 있어야
할 때도 있습니다.
하지만 우리는 우리가 할 수 있을 때,
그 일을 해야만 합니다.**
그 일을 그냥
지나치지 말아야 합니다.

예수님은 우리에게 단지
영성을 깊이 깨닫는 것만
가르쳐 주신 것이 아닙니다.
적용하고 행할 수 있는 방법도
같이 주셨습니다.
그래서 좋은 겁니다.
한번 보십시오.
"네가 살고자 한다면(영성),
반드시 자기 자신에 대해 죽고
매일 십자가를 붙들어야 한다(적용)."

3만 명 정도가 모이는
대규모 경기장에서 열린
교회 컨퍼런스에 참석했을 때의
일입니다.
그날 밤 저는 마약 중독 치료를 마치고
막 나온 한 남자를 만났습니다.
그의 삶은 잊고 싶어도
지워지지 않는 기억 때문에
고통스러웠습니다.
어릴 적에 가족 중 한 명으로부터
성폭행을 당했던 겁니다.
제대로 치유되지 못했던 그의 정서는
불안정할 수밖에 없었고

그의 삶은 계속 흔들렸습니다.
결국 헤로인에까지 빠지게 됐습니다.
하지만 하나님의 은혜로
그에게 사랑의 마음을 가진 누군가가
그를 끌고 재활센터로 갔습니다.
그는 지나온 긴 여정을 돌이키며
진정한 인생을 살기 시작하게 되었죠.

하지만 그는 조용히 흐느끼며
손에 얼굴을 묻은 채로
앉아 있었습니다.
나는 그를 위로해 주려고
팔로 감싸 안았어요.
그런데 그의 다음 말이
저의 영혼을
완전히 마비시킬 줄은 몰랐습니다.

제가 먼저 이렇게 물었어요.

"무슨 일 있어요? 무슨 생각 하고 있어요?"
그가 말했습니다.

"누군가가 제게 더 빨리
이야기해 줬으면 좋았을 텐데요.

여기 모인 사람들 모두가
정말로 행복한 표정으로
예수님에 대해 이야기하는
저 노래를 목소리 높여 부르고
있잖아요. 아무도 제게 말해 주지 않았어요.
제게 이야기해 주었다면 저는 들었을 텐데요!
저는 제 모든 인생을 찾았을 텐데요!
하지만 저는 지금 이곳에 있을 수 있어서 기쁩니다.
하나님이 저를 포기하지 않았다니 기뻐요.
하지만 저는 많은 시간을 낭비했죠.
저는 너무나 많은 고통을 겪었습니다.
누군가가 저에게 더 일찍
말해 주었으면 좋았을 거에요."

그날 밤, 저는 아무 말도 하지 않았습니다.
기억나요. 그저 그와 같이 울어 주었습니다.
저는 살면서 얼마나
많은 사람들을 스쳐 지나왔을까요?
저 역시 살아오는 동안,
누군가가 나쁜 상황에 처해 있을 때
제가 그들을 도울 수도 있다는 사실을
아예 잊어버리고 살았던 적이 많았으니까요.

그날 밤, 저는 하나님께 말씀드렸습니다.

"죄송합니다.
저는 너무나 많은 순간을 놓쳐 버렸습니다."
그리고 저는 이제로부터 영원히,
'누구나' 쉽게 접근할 수 있는
'누군가'가 되리라 약속했습니다.
부자와 가난한 사람,
파산한 사람과 정체불명의 사람,
빈털터리가 된 사람과 승승장구하고 있는 사람
모두 다에게 말입니다.

이제 우리의 귀한 만남을
마무리해야 할 순간이 왔네요.
열정이 앞서며 정리되지 않고
불규칙한 숨결을 가진
저와 호흡을 맞추며
함께 달려와 준
당신을 위해 기도합니다.

당신을 위한 제 기도는,
당신이 징징거리며 주저앉아 있지 않고
무언가를 행하도록 하는 것입니다.

때때로 쏟아지는 비가
당신의 얼굴로 떨어지지 않을 거라

장담할 수 없습니다.
하지만 비를 맞는 그때도
우리는 그 순간을 소유할 수 있습니다.
그러면 당신은 비를 맞으면서도 웃을 수 있습니다.

우리는 세상을 변화시키는 일을
너무 복잡하게 만들어 버렸습니다.
그래서 많은 사람들이
세상을 변화시킬 시도조차 하지 않으려 합니다.
또한, 우리가 마주하고 있는 문제들은
엄청난 것들입니다.
**하지만 우리가 순간순간 취해야 할 행동은
큰 것이 아닙니다.**
모두 다 하려고 하지 마세요.
그럴 필요는 없습니다.
그냥 지금 일어난 그 일을 외면하지 않고,
지나치지 않고,
그것을 위해 뭔가를 하면 됩니다.
징징거리고 주저앉아 있지만 마세요.
징징거리는 것은
아무런 힘도 없거든요.

인생을 좀 살아본 사람들은
각기 다른 인생을 살았다 해도

자신이 경험한 인생에 대해
모두들 비슷하게 말합니다.
**"인생은 언제나 한 가지에서 끝나지 않아요.
그 한 가지가 다른 것으로 이어지는
연속선상에 있죠."**
맞아요.
앞의 한 가지를 지나치게 되면
그 뒤로도 쭉 지나치게 되는 거죠.
한번 지나친 후 되돌아오는 발걸음은
그만큼 어렵거나 무겁습니다.
그래서 앞엣것이 없으면
뒤엣것을 가질 수 없다는 게
맞는 이치입니다.
**'나는 살면서 그 순간의 기회를 온전히 소유했다.
나는 살면서 주어진 그 순간을 최대한 활용했다.'**

당신이 먼 훗날 인생을 돌아보며
이렇게 말할 수 있길 기도하겠습니다.
더불어
당신에게 허락된
인생의 매 순간이 가진 그 힘을,
이제는
과소평가하지 않길
소망합니다.

순간을 소유하라
흔들리지 않고 사는 법

1판 1쇄 발행 2018년 5월 21일

지은이 칼 렌츠
옮긴이 정민규
발행인 이상규

메이킹 스태프
브랜드 총괄 | 한상만
기획 및 프로듀싱 | 안소연
편집 | 정민규
디자인 | 호기심고양이
서포트 및 제작 진행 | 이윤희

출판 브랜드 움직이는서재
주소 06168 서울시 강남구 삼성로 512, 10층
주문 및 문의 전화 (031)977-5364 | **팩스** (031)977-5365
독자 의견 및 투고 원고 이메일 goldapple01@naver.com
블로그 http://blog.naver.com/movinglibrary
포스트 http://post.naver.com/movinglibrary
발행처 ㈜인터파크
임프린트 움직이는서재 출판등록 제2015-000081호

ISBN 979-11-86592-43-4 03230

책값은 뒤표지에 있습니다. 파본은 바꾸어 드립니다.
움직이는서재는 ㈜인터파크의 출판 브랜드입니다.